Ingrid Biermann

Ideen*Blitze* für Herbst- und Wintertage

Kleine Aktionen für den Alltag mit Kindern

Ingrid Biermann

Ideen*Blitze* für Herbst- und Wintertage

Kleine Aktionen für den Alltag mit Kindern

HERDER

FREIBURG · BASEL · WIEN

www.herder.de

Umschlaggestaltung und -konzeption:
Finken&Bumiller, Stuttgart
Umschlagfoto: © corbis images, Düsseldorf
Umschlag- und Textillustrationen:
Unen Enkh, Denzlingen

Gesamtherstellung:
fgb · freiburger graphische betriebe
www.fgb.de

Gedruckt auf umweltfreundlichem,
chlorfrei gebleichtem Papier

Printed in Germany

ISBN 978-3-451-32195-5

Inhalt

Vorwort

Liebe Kolleginnen, liebe Eltern,

Mit Spiel und Spaß lernen – in Kita und Familie: Darum geht es in den beliebten Angeboten der Ideen*Blitze ApfelTage, BlätterTage, WindTage, FrostTage* und *AdventsTage.* Auf vielfachen Wunsch habe ich aus den nicht mehr lieferbaren Heften nun eine Auswahl für die zweite Jahreshälfte getroffen. Die kleinen Aktionen für den Alltag mit Kindern können ohne viel Vorbereitung in der Herbst- und Winterzeit eingesetzt werden.
Bildung braucht Impulse. Alles, was Sie Ihren Kindern an Geschichten, Fingerspielen, Klanggeschichten u.v.m. schon täglich anbieten, trägt zur Bildung Ihrer Kinder bei. Denn in jedem Angebot steckt Neues, Interessantes, Wissenswertes. Fingerspiele, Verse und Geschichten erweitern beispielsweise die Sprachbildung des Kindes und fordern es auf, sich ein Bild von der Welt zu machen und aktiv an dieser Gestaltung teilzunehmen. Mit Hilfe seiner Sinne macht es individuelle Erfahrungen. Es kommt dabei zu Erkenntnissen, Antworten und zu eigenen Handlungen und Entscheidungen. Durch Spielimpulse wird das Interesse für einen aktiven Lernprozess angeregt, der dem einzelnen Kind hilft, seine Umwelt, Abläufe oder Zusammenhänge zu verstehen.
In diesem Buch finden Sie, liebe Erzieherin und liebe Eltern, ganzheitliche Impulse zu *den* Themenbereichen, die besonders die zweite Jahreshälfte zu einem Erlebnis werden lassen. Gerade diese Zeit bietet den Kindern ein großes Spektrum an interessanten Spiel-, Lern- und Bildungserfahrungen. Im Herbst und Winter gibt es viel zu entdecken, man kann neue Erfahrungen machen und vieles ausprobieren. Die Jahreszeiten zeigen sich mit ihren geheimnisvollen, gespenstischen, süßen, kuscheligen, windigen, feurigen und auch frostigen Seiten. Sie laden uns ein, sich an regnerischen und kühlen Tagen mit nicht alltäglichen Themen zu beschäftigen. Diese dunklen und kühleren Tage machen neugierig, experimentierfreudig, wissbegierig und man bekommt Lust auf kleine Abenteuer. Den Herbst wahrnehmen heißt: ihn spüren, riechen, schmecken, fühlen, hören, sehen und ihn mit Freude und Spannung genießen. Den Winter wahrnehmen heißt: Frost und Kälte hautnah zu spüren, aber auch kuschelige Wärme und ein Meer von Lichtern zu genießen. Nur wenige Monate im Jahr sind mit so vielen Gegensätzen gefüllt. Laute und leise, heiße und kalte, helle und dunkle, weiche und harte, süße und saure, lebendige und besinnliche Seiten tun sich auf. All diese Gegensätze können Sie, liebe Erzieherin und liebe Eltern, mit Hilfe der Ideen*Blitze* gemeinsam mit dem Kind erleben.
Dieses Buch hält viele Überraschungen bereit und Themen, die Ihren Kindern bestimmt gefallen. Sie finden viele Spielideen, die den Herbst und die daran anschließende Frost- und Adventszeit zu einem Erlebnis machen. Impulse rund um den Apfel, die Blätter, den Wind, den Frost und den Advent werden den Kindern deutlich machen, wie ereignisreich und spannend die letzten Monate des Jahres sein können. Erleben Sie mit Ihren Kindern die dunklen Herbsttage, die frostige Vorweihnachtszeit und den lichtvollen Advent. Dieses Buch wird die Kinder durch seine lebendigen Geschichten, Verse und Spiele zum Zuhören, Mitmachen, Staunen, Lachen und auch zum Nachdenken einladen. Ich wünsche Ihnen mit Ihren Kindern eine interessante zweite Jahreshälfte.

Ihre Ingrid Biermann

Einstiegs-
angebot

In einem Apfel

Material: 3 bis 4 Äpfel, ein Obstmesser, ein Tuch, für jedes Kind einen kleinen Blumentopf, Blumenerde, eine kleine Gießkanne mit Wasser, eine alte Zeitung

Vorbereitungen: Alle Materialien werden nebeneinander gelegt und mit einem Tuch abgedeckt. Für die Kinder wird ein Stuhlkreis aufgestellt.

Kleine Apfelkunde

Einführung: Die Erzieherin zeigt den Kindern einen Apfel. Gemeinsam wird besprochen, woraus der Apfel besteht (Schale, Fruchtfleisch, Stiel, Kelchgrube, Kerngehäuse mit fünf Kammern, Kerne).

Schale: Schutz (wie bei den Menschen die Haut) vor zu viel Schmutz, Sonne, Regen, Spritzmittel. Die Schale kann verschiedene Farben haben, sie kann rau oder glatt sein. Der Apfel kann gespritzt oder ungespritzt sein, die Schale sollte vor dem Verzehr gründlich mit warmem Wasser abgewaschen oder abgeschält werden.

Stiel: Mit ihm hält sich der Apfel am Baum fest, durch den Stiel versorgt der Baum den Apfel mit allem, was er zum Wachsen braucht.

Kelchgrube: Blütenrest.

Fruchtfleisch: Es ist süß oder sauer, saftig oder mehlig und besteht aus Wasser, Fruchtsäure, Mineralien, Eiweiß, Kohlehydraten und Vitaminen. (Welche dieser zwar interessanten, aber nicht altersgerechten Informationen die Erzieherin weitergeben will, entscheidet sie selbst.)

Kerngehäuse: Es besteht aus fünf Kammern, in denen jeweils ein Kern sitzt. Um das Kerngehäuse herum setzt sich das Fruchtfleisch an. Deshalb gehört der Apfel zu dem so genannten Kernobst.

Kerne: In ihnen sitzt die ganze Kraft, denn aus ihnen können neue Bäume wachsen.

Ganz langsam wird der Apfel geschält, zerschnitten und nachgeschaut, ob all das, was über den Apfel zusammengetragen wurde, auch vorhanden ist.

Die restlichen Äpfel werden geschält. Jedes Kind bekommt einen Kern und kann diesen befühlen und betrachten.

Experimentierphase:

Nun bekommt jedes Kind ein Stück Zeitung, einen Blumentopf und Blumenerde. In den Topf soll nun der Kern eingepflanzt werden.
Täglich können nun die Kinder nachschauen, ob etwas passiert.
Achtung: Das Gießen darf nicht vergessen werden!

Abschlusslied:

In einem Apfel
(Melodie: In Mutters Stübele)

In einem Apfel, ja, da liegt ein hmm, hmm, hmm,
in einem Apfel, ja, da liegt ein Kern.
Er fühlt sich so allein und möchte hmm, hmm, hmm,
er fühlt sich so allein und möchte fort.
Er träumt vom Sonnenschein
und auch vom hmm, hmm, hmm,
er träumt vom Sonnenschein und auch vom Wind.
Will einfach glücklich sein
und träumt vom hmm, hmm, hmm,
will einfach glücklich sein und träumt vom Licht.
Auf einmal kommt der Wind
und es macht hmm, hmm, hmm,
auf einmal kommt der Wind und es macht plumps.
Der Apfel rollt und rollt und liegt dann hmm, hmm, hmm,
der Apfel rollt und rollt und liegt dann still.
Doch schau, wer kommt denn da,
es ist die hmm, hmm, hmm,
doch schau, wer kommt denn da, es ist die Maus.
Sie frisst den Apfel an und sieht den hmm, hmm, hmm,
sie frisst den Apfel an und sieht den Kern.
Der Kern, der liegt nun da und spürt den hmm, hmm, hmm,
der Kern, der liegt nun da und spürt den Wind.
Er sieht den Sonnenschein und auch die hmm, hmm, hmm,
er sieht den Sonnenschein und auch die Maus.
Die Maus, die beißt nun zu, fort ist der hmm, hmm, hmm,
die Maus sie beißt nun zu, fort ist der Kern.

Klein, aber zuckersüß

Material: für jedes Kind einen kleinen, gelben Apfel, eine Holzkiste, die mit Stroh ausgelegt ist, Servietten, ein Obstmesser, ein Würfel

Einstieg: Die Kinder sitzen im Kreis und schließen die Augen. Die Erzieherin legt jedem Kind einen Apfel in die Hand. Nachdem die Kinder die Äpfel durch Riechen und Fühlen wahrgenommen haben, öffnen sie die Augen, betrachten sie ganz genau und legen sie in die Holzkiste. Die Erzieherin fordert sie dazu auf mit den Worten: „Legt sie vorsichtig in die Holzkiste, es handelt sich um ganz besondere Äpfel!" Dann wird die Geschichte erzählt.

In Leopolds Obstgarten stehen wunderschöne große Apfelbäume. Jeder von ihnen hat so viel Platz, dass er sich nach allen Seiten hin ausstrecken und ausbreiten kann wie er möchte. Die Äste und Zweige aller Apfelbäume in Leopolds Garten tragen ein wunderschönes Blätterkleid. Es ist so dicht, dass die Sonnenstrahlen Mühe haben, durchzudringen. Jedes Jahr tragen alle Bäume knackig rote Äpfel. Sie sind manchmal so groß wie Apfelsinen und sie leuchten schon aus der Ferne, sodass jeder, der sie sieht, sofort Appetit auf einen Apfel bekommt.

Leopold ist sehr stolz auf seine Apfelbäume und auf seine Äpfel, die im ganzen Land bekannt sind. Im Herbst pflückt er allein seine Äpfel mit viel Sorgfalt. Er legt jeden einzelnen Apfel ganz behutsam in eine Kiste, denn er weiß, dass jeder Stoß bei den Äpfeln einen weichen Fleck hinterlässt und das ist gar nicht gut.
Weil Leopold immer mit seinen wunderschönen großen Apfelbäumen beschäftigt ist, hat er gar nicht bemerkt, dass mitten zwischen den großen Bäumen ein winzig kleiner Baum steht. Von den anderen Bäumen wird er richtig eingequetscht und hat deshalb zum Wachsen sehr wenig Platz. Aber die großen Bäume nehmen ihm nicht nur den Platz, sondern auch die Sonne. Der kleine Baum kann sich drehen und wenden wie er will, er bekommt nur wenige Sonnenstrahlen ab. Deshalb wachsen seine Äpfel nur ganz schlecht. Sie sind klein und gar nicht so leuchtend rot wie die Äpfel der großen Bäume. An seinen Ästen und Zweigen hängen unzählige kleine gelbe Äpfel. Der kleine Baum kann die vielen Äpfel kaum noch tragen.
Die Tage der Apfelernte vergehen, doch Leopold kommt nicht zu ihm, um ihn von der schweren Last zu befreien. „Ach“, denkt der kleine Baum, „ich trage so viele Früchte und die sind sicher genauso süß wie die der großen Bäume, aber niemand will sie haben.“

Eines Tages bläst ein starker Sturm. Er braust und pfeift mit aller Kraft. Dabei rüttelt und schüttelt er auch an den Ästen der Bäume und wirft alles ab, was er nur erwischen kann. Da sieht der Wind auch den kleinen Apfelbaum. „Oho“, denkt der Wind, „der trägt aber noch viele Früchte. Ich will ihn erst einmal davon befreien.“ Mit seiner ganzen Kraft pustet er und im Nu liegen viele seiner Äpfel auf der Wiese. Aber Leopold, der eifrig dabei ist, die heruntergefallenen Äpfel einzusammeln, entdeckt in der Wiese auch jetzt nicht die kleinen Äpfel. Ihm fallen nur die dicken, roten auf.
Als sein Korb voll ist und er schnell nach

Hause laufen will, stolpert er über einige der kleinen gelben Äpfel. Leopold ist erstaunt. „Woher kommen die denn?“, fragt er sich und schaut sich um. Da entdeckt er mitten zwischen den großen kräftigen Bäumen den kleinen Apfelbaum. Er trägt noch immer sehr viele kleine gelbe Äpfel. Schnell pflückt Leopold einige davon und läuft ins Haus. Behutsam packt er die großen roten Äpfel in eine Kiste. Als ihm ein kleiner gelber Apfel in die Hand fällt, denkt er wieder an den Baum, den er bisher in seinem Obstgarten noch nie bemerkt hatte. Leopold wird neugierig. „Ob so ein kleiner gelber Apfel auch so gut schmeckt wie die dicken roten Äpfel?“, denkt er und beißt hinein. Hmm, Leopold ist sehr überrascht. Der Apfel schmeckt zuckersüß und ist noch viel knackiger als die dicken roten Äpfel. Als der Sturm sich gelegt hat, läuft er schnell zu dem kleinen Baum, um die süßen Köstlichkeiten zu pflücken. Vorsichtig legt er jeden Apfel in eine Kiste und nach we-

nigen Stunden hat er 10 Kisten voller süßer Äpfel geerntet.
Leopold ist gespannt, was seine Kunden dazu sagen. Ob sie diese kleinen Äpfel auch mögen? Als er am nächsten Tag neben den großen roten auch die kleinen gelben Äpfel anbietet, sind schon nach wenigen Stunden alle Kisten verkauft. In den Tagen danach kommen viele Kunden, die nur die kleinen gelben Äpfel haben wollen.
Als die Apfelernte vorbei ist, geht Leopold mit Spaten und einer Baumschere in den Garten. Er beschneidet alle riesigen Bäume, die rund um den kleinen Apfelbaum stehen, damit der endlich auch genug Platz hat, um zu wachsen. In den kommenden Monaten geht er jeden Tag zu dem kleinen Apfelbaum, um nachzuschauen, wie er größer wird. Schon nach kurzer Zeit stellt er fest, dass sich der kleine Baum ausbreitet. Im nächsten Sommer geschieht etwas Wunderbares. Aus dem kleinen Baum ist nun ein großer prächtiger Apfelbaum geworden, der wunderschöne kleine, knackige, saftige, gelbe Äpfel trägt. Von nah und fern kommen nun die Menschen und alle wollen diese gelben Äpfel. Sie nennen die Apfelsorte Leopoldapfel und bald ist sie in Stadt und Land bekannt.

Auswertung: Das Apfelwürfelspiel

Die Äpfel werden in Spalten geschnitten. Jedes Kind bekommt gleich viele Spalten, die es vor sich auf eine Serviette legt. Nun wird ein Würfel geholt und eine Zauberzahl festgelegt. Reihum wird gewürfelt, und immer, wenn ein Kind die Zauberzahl gewürfelt hat, darf es eine Apfelspalte essen. Die Zauberzahl kann mehrmals neu bestimmt werden. Wer hat seine Apfelspalten zuerst aufgegessen?

Ein Apfelbaum, ganz groß und dick

Hinweis:	Ein Kind spielt den Apfelbaum. Es macht die Bewegungen dem Text der Geschichte entsprechend nach. Ein anderes Kind spielt pantomimisch den Apfelpflücker. Alle anderen Kinder stellen die Sonne dar. Die Geschichte kann auch sofort mit mehreren Kindern als Apfelbäumen und Apfelpflückern gespielt werden.
Die Kinder stehen im Kreis, halten die Händen hoch und spreizen die Finger.	Die Sonne steht am Himmelszelt und sie erwärmt die weite Welt.
Die Arme nach oben strecken.	Ein Apfelbaum, sehr groß und dick, denkt an die Kindheit oft zurück.
In die Hocke gehen.	Er war ein Kern und lag ganz lang in der Erde, oft war ihm bang.
Mit den Händen darstellen.	Er wuchs und mit ein wenig Kraft, da hatte er es bald geschafft.
Ganz langsam aufstehen.	Schob über sich die Erde fort und wuchs und wuchs an diesem Ort.

Sich ganz groß machen.

Er wurde groß und wunderschön,
ein jeder kann ihn heute sehn.

Arme ausbreiten.

Jetzt macht er seine Äste breit

Mit Daumen und Zeigefinger der beiden Hände zuerst einen kleinen Kreis formen und ihn dann größer werden lassen.

und trägt ein prächtig Blütenkleid.
Und eines Tages, wie im Traum,
sind viele Äpfel an dem Baum.
Zuerst sind sie ganz winzig klein,
sie wachsen schnell im Sonnenschein.

Ein Kind pflückt pantomimisch Äpfel.

Im Herbst, ja, da ist Erntezeit,
die Menschen kommen angeeilt.
Sie nehmen dann die Äpfel fort,
und bringen sie zum andern Ort.

Der Baum steht ohne Äpfel da,
kriegt neue erst im nächsten Jahr.

Der besondere Apfel

Material:

Zutaten für einen Bratapfel: Für jedes Kind einen gewaschenen Apfel, Rosinen, Mandeln, etwas Marmelade, Alufolie, Butter, ein Küchentuch, ein Apfelentkerner, eine Mischung aus Zimt und Zucker oder Vanillesoße. Tischdekoration nach Belieben. Für jedes Kind einen Teller, eine Kuchengabel und einen kleinen Löffel.

Vorbereitung:

Die Materialien werden griffbereit gelegt.

Einstieg:

Die Kinder sitzen um einen Tisch herum. Die Erzieherin initiiert ein Gespräch über Äpfel. Sie fragt die Kinder, ob sie einen Apfelbaum kennen, welche Äpfel sie am liebsten essen, was man aus Äpfeln alles machen kann usw. Schließlich erzählt sie die folgende Rätselgeschichte, in der es um einen besonderen Apfel geht. Am Ende der Geschichte sollen die Kinder das Rätsel lösen.

Rategeschichte

Wenn draußen die Kälte klirrt und knackt
und Mutter einen Kuchen backt,
schiebt sie auch etwas Süßes, klein,
in den warmen Ofen rein.

Hmm, wie das duftet, wie das riecht,
der Duft durch unser Haus schnell kriecht.
Er zieht sofort in jeden Raum
und schenkt jetzt allen einen Traum.

Der Peter träumt vom Winterwald,
dort draußen ist es weiß und kalt,
er kommt ins Haus und fängt sodann
ganz schnell daran zu naschen an.

Die Ute träumt vom Weihnachtsfest,
an dem sie sich beschenken lässt.
Sie isst davon gleich zwei am Tag,
vom süßen Ding, weil sie es mag.

Der Vater träumt, er kommt nach Haus
und ruht sich am Kamin noch aus.
Mit Rosinen, Mandelkern
isst er das süße Ding sehr gern.

Endlich ist der Traum nun wahr,
denn Mutter, ja, die ist jetzt da,
sie bringt ihn mit Vanillesoße,
bekleckert ist zum Schluss die Hose.

Abschluss: Die Kinder lösen das Rätsel. Danach werden die genannten Materialien auf den Tisch gestellt. Jedes Kind beginnt, sich einen Bratapfel zuzubereiten. Dazu sticht die Erzieherin zunächst die Kerngehäuse aus den Äpfeln. Jeder Apfel wird dann auf ein größeres, mit dem Küchentuch eingefettetes Stück Alufolie gestellt. Die Kinder füllen den Apfel mit Rosinen, Marmelade und Mandeln und wickeln den Apfel mit der Folie ein. Die mit Folie umschlossenen Äpfel werden auf ein Blech gestellt und etwa 15 bis 20 Minuten im Backofen gebraten. In der Zwischenzeit decken die Kinder den Tisch. Danach werden an dieser, mit einer Tischdecke, mit Kerzen, Servietten, Blumen und schönem Geschirr liebevoll gestalteten Tafel die mit Zimt und Zucker bestreuten oder mit Vanillesoße übergossenen Bratäpfel gemeinsam verzehrt.

Äpfel kullern hin und her

Material:

ein Betttuch, ein CD-Spieler mit beruhigender und beschwingter Musik, mehrere Seilchen, ein Tamburin mit Schlägel, ein Triangel, ein Reifen, ein Würfel, für jedes Kind eine Matte und einen Apfel, für je zwei Kinder ein Handtuch und zwei Körbe

Einstieg:

Die Kinder sitzen im Schneidersitz auf ihren Matten im Kreis. Sie schließen die Augen und bilden mit der Hand eine Schale. Die Erzieherin legt jedem Kind einen Apfel in die Hand. Nun schlägt sie den Triangel an, die Kinder öffnen ihre Augen und betrachten ihren Apfel. Dann schließen sie die Augen wieder. Die Erzieherin nimmt die Äpfel aus den Händen der Kinder und legt Tennisbälle hinein. Beim Anschlagen des Triangels öffnen die Kinder wieder ihre Augen. Die Erzieherin erklärt, dass die Äpfel für das folgende Spielgeschehen verzaubert worden sind.

Apfel balancieren

Jedes Kind legt seinen „Apfel“ auf die Handfläche, streckt den Arm aus und geht so durch den Raum. Beim Tamburinschlag wird der Apfel auf die andere Handfläche gelegt.

Apfel rollen

Jedes Kind legt den „Apfel“ vor seine Füße und rollt ihn unter der Fußsohle vor und zurück. Beim Tamburinschlag den anderen Fuß nehmen.

Apfel kullern

Mit Seilchen verschiedene Straßen legen (enge, breite, kurvenreiche). Hintereinander rollen die Kinder ihre „Äpfel“ die Straße entlang.

Äpfel hin und her rollen

Jedes Kind sucht sich einen Partner. Die beiden Spielpartner setzen sich auf ihren Matten gegenüber und singen während des Spiels das folgende Lied.

Meinen kleinen Apfel

(Melodie: Alle meine Entchen)

Jedes Kind rollt seinen „Apfel" auf dem Boden von einer Seite zur anderen.

Meinen kleinen Apfel roll ich hin und her,
roll ich hin und her,
er rollt ganz still und leise,
ja, das gefällt mir sehr,
er rollt ganz still und leise,
ja, das gefällt mir sehr.

Die Spielpartner rollen sich gegenseitig ihren „Apfel" zu.

Meinen kleinen Apfel rolle ich zu dir,
rolle ich zu dir,
er rollt fast von alleine
und kommt zurück zu mir,
er rollt fast von alleine
und kommt zurück zu mir.

Jedes Kind nimmt seinen „Apfel", betrachtet ihn von allen Seiten und legt ihn in den Korb.

Meinen kleinen Apfel schau ich mir gut an,
schau ich mir gut an,
leg ihn in das Körbchen,
damit er ruhen kann,
leg ihn in das Körbchen,
damit er ruhen kann.

Hinweis:

Zu den folgenden Spielen kann ruhige Begleitmusik gespielt werden.

Äpfel in der Hängematte

Je zwei Kinder bekommen ein Handtuch. Sie legen ihre „Äpfel" darauf, fassen das Handtuch an den Ecken an und halten es straff. Nun lassen sie die beiden „Äpfel" auf dem Handtuch hin und her kullern, ohne dass einer herunterfällt.

Apfelmassage

Ein Kind legt sich bäuchlings auf das Handtuch. Das andere Kind kniet sich daneben und macht eine Massage, d. h. es rollt mit dem „Apfel" langsam und vorsichtig über den Körper des liegenden Kindes. Nach ein paar Minuten werden die Rollen getauscht.

Äpfel im Kreis

Alle „Äpfel" liegen in einem Reifen in der Mitte des Raums. Die Kinder gehen, laufen, hüpfen durch den Raum, die Erzieherin gibt mit dem Tamburin Rhythmus und Geschwindigkeit vor. Hört sie auf zu schlagen, laufen alle Kinder blitzschnell zum Reifen und holen sich einen „Apfel".

Variation: Die Kinder gehen zum Tamburinschlag mit dem „Apfel" durch den Raum. Hört die Erzieherin auf zu schlagen, legen alle Kinder den „Apfel" schnell wieder in den Reifen.

Veränderung: Ein „Apfel" wird beiseite gelegt. Die Kinder gehen, hüpfen, laufen zum Tamburinschlag durch den Raum. Hört die Erzieherin zu schlagen auf, laufen alle Kinder zum Reifen und holen sich einen „Apfel".

Wer keinen „Apfel“ erwischt hat, stellt sich als Apfelbaum in den Raum. Die Kinder legen ihre „Äpfel“ wieder in den Reifen. Nun wird ein weiterer „Apfel“ aus dem Kreis genommen, und beiseite gelegt, dann geht das Spiel in die nächste Runde.

Falläpfel aufsammeln

Zwei Kinder bekommen je einen Korb und sammeln auf ein Triangel-Signal hin „Äpfel“ ein, die im Raum verteilt liegen. Ertönt wieder ein Signal, so hören sie auf. Wer hat die meisten „Äpfel“ eingesammelt?

Der wandernde Apfel

Alle Kinder stellen sich dicht an dicht nebeneinander im Kreis auf und haben die Hände auf dem Rücken. Ein Kind steht in der Kreismitte. Nun wird nach einem Triangelton ein „Apfel“ hinter dem Rücken der Kinder weitergegeben. Ertönt das Signal erneut, so wird das Spiel gestoppt. Das in der Mitte stehende Kind muss erraten, wer den „Apfel“ in der Hand hält. Bei diesem Spiel können die Kinder folgendes Lied singen:

Mein kleiner gelber Apfel

(Melodie: Alle meine Entchen)

Mein kleiner gelber Apfel wandert nun umher, wandert nun umher,
sag, wer wird ihn haben, schau hin, es ist nicht schwer,
sag, wer wird ihn haben, schau hin, es ist nicht schwer.

Tanzende Äpfel

Die Kinder halten alle zusammen ein Betttuch. Darauf legen sie ihre „Äpfel“. Es wird Musik gespielt, und nun lassen die Kinder ihre „Äpfel“ tanzen. Die Musik wird nach ein paar Minuten ausgeblendet und das Tuch wird langsam auf den Boden gelegt. Die „Äpfel“ bleiben auf dem Tuch liegen. Die Kinder schließen die Augen und die Erzieherin tauscht die Bälle wieder gegen die Äpfel aus. Nach einem Triangelton öffnen die Kinder wieder die Augen.

Äpfel auswürfeln

Abschlussspiel

Ein Würfel wird geholt. Die Kinder überlegen sich gemeinsam eine Zauberzahl. Reihum wird nun gewürfelt, und wer die Zauberzahl wirft, kann einen Apfel von der Decke nehmen und ihn zum Frühstück verzehren. Es wird so lange gewürfelt, bis jeder einen Apfel mit der Zauberzahl ausgelöst hat.

Winfried, der Wurm

Material: ein Apfel, ein Zauberstab (oder Salz als Zaubersalz), Wolle, Scheren, ein Obstmesser, ein schönes Tuch und einige Orff-Instrumente, z. B. Handtrommel, Schellenband, Rassel, Rührtrommel, Tamburin, Triangel

Einstieg: Die Kinder sitzen im Kreis und jedes von ihnen bekommt einen Wollfaden. Sie sollen sich vorstellen, sie seien Zauberer, die den Faden in irgendetwas anderes verwandeln wollen.
Jedes Kind überlegt sich, in welches Tier oder welchen Gegenstand es seinen Faden verwandeln kann.
Nun zaubert die Erzieherin. Sie nimmt einen Zauberstab oder das Zaubersalz, einen Wollfaden und „verwandelt" den Faden mit einem Zauberspruch in einen Wurm:

Hokus, pokus, ei der Daus,
ich denk mir einen Spruch nun aus.
Mit Fidibus und Zaubersturm (laut und kräftig pusten)
wird aus dem Faden nun – ein Wurm!

Nun legt sie ein grünes Tuch in die Mitte, legt einen Apfel darauf und lässt den „Wurm" zum Apfel kriechen. Die Kinder sollen erzählen, was nun passieren könnte.
Danach wird die Klanggeschichte erzählt (beim ersten Mal ohne Einsatz der Instrumente).

Wie jeden Morgen kriecht Winfried, der Wurm, durch das taufrische Gras (Handtrommel mit der Hand reiben), um sich sein Frühstück zu suchen.
Er spürt, dass er heute auf etwas ganz Besonderes Appetit hat. Aber worauf, das weiß er noch nicht. Winfried kriecht durch dichtes Gras, über Stöcke und Blätter, immer auf der Suche nach etwas Essbarem (Handtrommel).
Dabei begegnet er dem Käfer Kurt. Auch der sucht sich sein Frühstück. Flink und sehr beschäftigt läuft er an Winfried vorbei (Triangel). Er weiß, was er heute zum Frühstück isst. Auf einem großen Blatt sitzen unzählige grüne Blattläuse. Sie kribbeln und krabbeln dort hin und her (Schellenband). Davon will Kurt sich einige holen.

Winfried hat jedoch immer noch nichts gefunden. Er kriecht weiter umher (Handtrommel), immer auf der Suche nach einem ganz besonderen Frühstück. Da sieht er seine Freundin, die Spinne Frieda. Sie krabbelt in ihrem Spinnennetz herum (Rassel) und ist damit beschäftigt , eine riesengroße Fliege zu verspeisen. Ganz ruhig bleibt Winfried sitzen und schaut Frieda beim Frühstücken zu. Danach rollt sie sich zufrieden zusammen (Rassel), um ein kleines Schläfchen zu halten.
Winfrieds Hunger wird immer größer. Wenn er nicht bald etwas findet, dann wird er vor Schwäche nicht mehr kriechen können. Langsam und auf der Suche nach etwas Besonderem kriecht er weiter (Handtrommel).
Mit einem Mal plumpst (Tamburinschlag) direkt vor ihm ein Apfel ins Gras. Er kullert ein kleines Stück (Rührtrommel) und bleibt dann liegen.
Nun weiß Winfried, was er heute zum Frühstück isst. So schnell er kann, kriecht er zu dem Apfel (Handtrommel). Schnell sucht er eine Stelle, an der er durch die Schale in den Apfel kommt. Winfried braucht gar nicht lange zu suchen. Der Apfel ist von dem Fall an allen Seiten aufgeplatzt. „Jetzt aber nichts wie ran“, denkt Winfried, und so schnell es geht, frisst er sich durch das Fruchtfleisch (auf der Handtrommel mit den Fingerspitzen kratzen).
Hmm, der Apfel ist zuckersüß und Winfried frisst und frisst ohne Pause (auf der Handtrommel mit den Fingerspitzen kratzen).
Nach einiger Zeit ist er so satt, dass er sich nicht mehr von der Stelle bewegen kann. Regungslos liegt er in dem süßen Apfel und schläft zufrieden ein. Erst Stunden später wird er wach und macht sich auf den Heimweg (Handtrommel). Unterwegs trifft er wieder die Spinne Frieda (Rassel). Sie sitzt in ihrem Netz und wartet auf etwas Essbares. Er sieht den Käfer Kurt (Triangel), der immer noch damit beschäftigt ist, die krabbelnden Blattläuse (Schellenband) zu verspeisen.
Nachdem Winfried zu Hause ist, verkriecht er sich unter ein Blatt (Handtrommel) und ruht sich hier so lange aus, bis er wieder Hunger bekommt.

Abschluss:

Die Instrumente werden in die Mitte gelegt. Nach einer Experimentierphase, bei der die Kinder jedes Instrument ausprobieren können, werden sie dann den verschiedenen Tieren zugeordnet.
Danach kann die Geschichte erneut vorgelesen und mit den verschiedenen Instrumenten begleitet werden. Abschließend wird der Apfel, der in der Kreismitte liegt, aufgeteilt und gemeinsam gegessen.

Der Apfelkönig

Materialien:

Tonpapier in Rot, Braun, Grün und Gelb, braunes Krepppapier, etwas Goldpapier, Holzspieße, Pappe, Klebstoff, Scheren, Filzstifte, Bleistifte, Tesafilm, 3 Äpfel, eine lange Schnur, ein Bettlaken, Wäscheklammern, 2 Figuren aus dem Kasperltheater (Seppel und Gretel)

Vorbereitung:

Die Kinder basteln mit dem Material einen Apfelkönig (großer Apfel) mit goldener Krone, einen kleinen und einen runzligen Apfel (bekommt eine Schale aus zerknittertem Krepppapier), einen Apfelbaum und einen Korb aus Pappe. Die Äpfel bekommen jeder auf einer Seite ein lachendes und auf der anderen ein trauriges Gesicht aufgemalt. Danach werden sie auf einen Holzspieß gesteckt.

Raumvorbereitung:

Die Schnur wird quer durch den Raum gespannt und das Laken darüber gehängt. Der große Apfelbaum wird an dem Tuch befestigt. Die Apfel-Stabfiguren und die restlichen Requisiten stehen griffbereit.

Spielgeschichte:

In einem großen Apfelbaum lebt seit vielen Tagen und Nächten ein Apfelkönig. Sein Volk ist bei einem mächtigen Sturm aus dem Baum gerissen und in alle Himmelsrichtungen verstreut worden. Der Apfelkönig fühlt sich sehr einsam und bittet den Wind: „Lieber Wind, komm und hol mich aus dem Baum. Ich möchte hinaus in die Welt, um mir ein neues Apfelvolk zu suchen. Hier bin ich so einsam."

Kaum hat er das gesagt, kommt auch schon mit Saus und Gebraus der Wind und rüttelt und schüttelt an dem großen Baum. (Den Baum ein wenig bewegen.) Und plötzlich wird der Apfelkönig vom Baum gerissen und fällt mit einem Plumps ins Gras. (Der Apfel wird mit der traurigen Gesichtsseite zum Publikum gehalten.)

Nun macht er sich auf den Weg, doch kaum ist er ein paar Meter gegangen (Apfel langsam am Tuch entlang führen.), trifft er auf einen kleinen Apfel, der sehr traurig ist. (Kleiner

Apfel mit traurigem Gesicht taucht auf.) Der König freut sich (Apfelkönig zeigt fröhliches Gesicht.), ihn zu sehen, und fragt ihn: „Warum bist du so traurig?" „Ach", antwortet mit schluchzender Stimme der kleine Apfel, „bei einem Sturm hat der Wind alle meine Brüder und Schwestern vom Baum gerissen und sie in alle Richtungen getrieben. Jetzt bin ich ganz allein und fühle mich sehr einsam." „Mir ist es auch so ergangen", sagt der Apfelkönig. „Doch ich gehe jetzt hinaus in die Welt, um mir ein neues Apfelvolk zu suchen. Willst du mit?" „Gern", sagt der kleine Apfel freudestrahlend (Kleiner Apfel zeigt fröhliches Gesicht.) und sie machen sich gemeinsam auf den Weg. (Äpfel wandern am Tuch entlang.) Als sie eine Weile gegangen sind, sehen sie plötzlich am Wegrand einen alten, runzligen Apfel. (Runzliger Apfel taucht auf.) Die beiden Äpfel bleiben stehen und hören ein leises Stöhnen. Der alte Apfel sieht sehr traurig aus. (Trauriges Gesicht des runzligen Apfels zeigen.) „Was ist denn mit dir geschehen?", fragt der kleine Apfel. „Ach", sagt der runzlige Apfel mit leiser Stimme, „bei einem Sturm hat mich der Wind im Baum so hin und her geschüttelt, dass ich heruntergestürzt und weit, weit weggerollt bin. Jetzt liege ich hier schon lange Zeit und bin allein. Ich bin so alt, dass ich kaum noch Kraft habe, um mir eine neue Heimat zu suchen." „Mir ist es auch so ergangen", sagt der Apfelkönig. „Doch ich gehe jetzt hinaus in die Welt, um mir ein neues Apfelvolk zu suchen. Willst du uns begleiten?" „Wenn ihr mich alten, runzligen Gesellen mitnehmen wollt, dann würde ich gerne mit euch gehen", sagt freudestrahlend der runzlige Apfel. (Runzliger Apfel zeigt dem Publikum sein fröhliches Gesicht.) „Aber ihr müsst dann etwas langsamer gehen, denn ich bin nicht mehr so gut zu Fuß." „Das ist doch klar", sagen die anderen Äpfel und gemeinsam machen sie sich auf den Weg. Gut gelaunt ziehen sie weiter. Viele Tage gehen sie immer weiter geradeaus, doch nirgends finden sie einen Ort, an dem sie bleiben möchten. Erschöpft ruhen sie sich auf einer Wiese im Schatten eines Baumes aus. (Die Äpfel bleiben unter dem Baum stehen.) Schon bald darauf schlafen sie ein.

Nach einiger Zeit kommen zwei Kinder (Kasperfiguren, Korb). Sie sind auf der Suche nach Fallobst. Als sie die drei Äpfel sehen, heben sie diese auf, legen sie in ihren Korb (Die Äpfel verschwinden nacheinander hinter dem Tuch.) und gehen nach Hause. Von dem Tag an wurden die Äpfel nie wieder gesehen, und was aus ihnen geworden ist, das kann man nur erraten.

Abschluss: Die Kinder mutmaßen, was aus den Äpfeln geworden ist.

In einem riesengroßen Baum

Material:

ein Korb mit fünf unterschiedlichen Äpfeln, ein grünes Tuch, evtl. eine Lampe, die das Tuch anstrahlt, ein Obstmesser

Einstieg:

Die Kinder sitzen im Kreis und die Erzieherin malt mit großen Bewegungen einen Baum in die Luft. Bereits während sie zeichnet sollen die Kinder versuchen, den Gegenstand zu erraten.

Ablauf:

Das letzte Wort der jeweils zweiten Zeile der folgenden Reimgeschichte sagen die Kinder. Zunächst wird der Text als Reimgeschichte vorgetragen, die im ersten Teil mit einem Fingerspiel verbunden ist.
Beim Vortragen des Textes legt die Erzieherin einen Apfel nach dem anderen auf das Tuch, das in der Kreismitte liegt.

Erster Teil

Mit den Händen einen Baum darstellen, die fünf Finger einer Hand zeigen.

In einem riesengroßen Baum
haben fünf Äpfel einen … (Traum).

Sie hängen still und träumen dann,
was wohl aus ihnen werden … (kann).

Daumen hochrecken.

Der erste, der will in die Welt,
mal schauen, wo es ihm gut ge … (fällt).

Im Rucksack wird er wandern gehen,
wer ihn verzehrt, man wird es … (sehen).

Zeigefinger in die Luft strecken.

Der zweite liegt in einer Kiste,
ein Mann, der schaut auf eine … (Liste).

Mit dem Flugzeug fliegt er dann,
wo kommt wohl dieser Apfel … (an)?

Mittelfinger in die Luft strecken.

Der dritte träumt von einem Ort,
er liegt mit vielen Äpfeln … (dort).

Er wird geschüttelt und gepresst,
bis er den Saft dann laufen … (lässt).

Ringfinger in die Luft strecken.	Der vierte, der sieht sich, o Schreck, er liegt mit anderen im … (Dreck).
	Tiere stürzen auf ihn ein, ruck-zuck wird er gefressen … (sein).
Kleinen Finger in die Luft strecken.	Der kleinste, der hat keinen Traum, er hängt ganz still in seinem … (Baum).
	Wohin er kommt, ist ihm egal, er sagt nur leis' : Dann schau'n wir … (mal).
Mit den Händen eine Sonne zeigen.	Ganz langsam wird es wieder hell, die Sonne, die kommt ganz, ganz … (schnell).
Die Finger einer Hand zeigen.	Fünf Äpfel hängen noch im Baum und verschwunden ist ihr … (Traum).

Zweiter Teil

Die Tage gehen und plötzlich dann
fasst die Äpfel irgendjemand … (an).
Sie werden in den Korb gelegt,
ein jeder nun auf Reisen … (geht).

Wird ihr Traum bei allen wahr?
Keinem Apfel ist das … (klar).
Es geht nach hier, nach da, nach dort
und plötzlich sind sie alle … (fort).

Der Baum ist leer, doch eins ist klar,
bestimmt sind schon im nächsten … (Jahr)
viele Äpfel an diesem Baum
und träumen einen schönen … (Traum).

Abschlussvorschläge:

1. Der erste Teil kann als Fingerspiel noch einmal mit allen Kindern gespielt werden. Zum Schluss werden die fünf Äpfel in Scheiben geschnitten, an die Kinder verteilt und gemeinsam gegessen.
2. Pflücken Sie selbst mit den Kindern einen Korb Äpfel und machen Sie daraus gemeinsam Apfelmus.

Ein Apfelfest im Kindergarten

Die Krönung der Apfeltage ist ein zünftiges Apfelfest. An diesem Tag oder Nachmittag können die Eltern oder ein befreundeter Kindergarten, die erste Klasse der Grundschule, Geschwisterkinder usw. eingeladen werden. Eine Einladungskarte in Form eines Apfels wird das Interesse der Gäste wecken. Nun können alle Dinge, die im Laufe des Projektes gemacht wurden, vorgespielt oder gesungen werden. In einem Apfelzimmer können sich die Gäste Informationen holen, riechen, probieren, fühlen, lesen, sich Bücher anschauen und sich mit Hilfe von Fotos oder vielleicht eines Videos über die Projekttage informieren.
Natürlich gibt es zu diesem Fest Leckereien rund um den Apfel. Bestimmt sind auch die Eltern bereit, andere Apfelleckereien, etwa getrocknete Apfelringe oder selbst gepressten Apfelsaft zu stiften. Außerdem kann noch ein Apfelkönig und eine Apfelkönigin gewählt werden. In der Einladung werden alle Gäste gebeten, einen möglichst großen Apfel mitzubringen. Einige Spiele wie Apfelringschnappen, Apfelernte, Durstige Gäste und Wettfüttern können zur Erheiterung aller beitragen.

Apfelringschnappen

Mehrere Apfelringe werden auf einen Bindfaden gefädelt. Dieser wird von zwei Mitspielern in die Höhe gehalten. Die anderen Kinder müssen nun eines nach dem anderen hochspringen und nur mit dem Mund nach einem Apfelring schnappen. Die Hände dürfen dabei nicht gebraucht werden.

Apfelernte (Wettspiel)

Jeweils ein Mitspieler muss mit Hilfe einer Schubkarre oder eines Bollerwagens herumliegende Äpfel einsammeln. Zuvor werden jedoch seine Beine mit einem Tuch zusammengebunden. Wer hat in einer bestimmten Zeit die meisten Äpfel eingesammelt?

Wettfüttern

Je zwei Mitspieler bilden eine Mannschaft. Sie sitzen sich gegenüber, zwischen ihnen ein Schälchen Apfelmus und ein Löffel. Einem von ihnen werden die Augen verbunden und er muss jetzt den anderen mit Apfelmus füttern. Wer hat sein Schälchen zuerst leer?

Hinweis: Bitte die Kleidung mit großen Tüchern schützen, denn es darf gekleckert werden.

Die besondere Losbude: Apfel stechen

Sammeln sie vor dem Fest bei Banken und Sparkassen Werbematerial wie Kuscheltiere, Geldbörsen usw. und errichten Sie dann einen Losstand.
In einem Sandkasten sind Äpfel versteckt. Jeder Mitspieler kann sich statt eines Loses einen Schaschlikstab kaufen und ihn in den Sand stecken. Wer dabei in einen Apfel sticht, bekommt einen Preis.

Apfeltischlaternen

Hinweis: Die Gäste bringen einen großen Apfel mit.
In einer Bastelecke werden Apfeltischlaternen angeboten. Dazu wird ein großer Apfel mit einem Melonenausstecher ausgehöhlt. Nun können kleine Kreise oder Formen aus der Schale ausgeschnitten werden. Stellt man ein brennendes Teelicht hinein, so hat man eine Apfeltischlaterne statt der sonst üblichen Kürbislaterne.

Durstige Gäste

Jeder Mitspieler bekommt ein paar Schnapsgläser, die mit Apfelsaft gefüllt sind, und einen Strohhalm. Wer hat die Gläser am schnellsten leer getrunken?

Der Blätterkönig

Material:

viele Blätter (aus der Natur oder aus buntem Tonpapier geschnitten), Teelichter in Gläsern, eine Lampe, Goldpapier, Klebstoff, ein mit Wasser gefülltes Schraubglas, in dem ein besonders schönes Blatt aufbewahrt wird, verschiedene besondere Blätter wie ein Löwenzahnblatt, ein Rhabarberblatt, ein Kastanienblatt, ein Kleeblatt, Spinatblätter, duftende Gewürzblätter, getrocknete Blätter, wie z. B. ein Lorbeerblatt, ein Abdecktuch, für jedes Kind ein kleines Sitzkissen, eine Schere, ein Streifen Pappe, Goldpapier und Klebstoff

Vorbereitung:

Der Raum wird verdunkelt und besonders stimmungsvoll mit den (Papier-)Blättern, Teelichtern und kleinen Sitzkissen dekoriert. Die restlichen Materialien liegen griffbereit und sind mit einem Tuch abgedeckt.

Einstieg:

Die Kinder sitzen auf den Kissen, eine Lampe erhellt den Raum. Die Erzieherin gibt das Schraubglas herum und die Kinder betrachten das darin liegende Blatt. In einem Gespräch tragen die Kinder alles zusammen, was sie über Blätter wissen. Die Erzieherin initiiert durch Zeigen der verschiedenen Blätter ein Gespräch. Sie weist auf die Unterschiede zwischen frischen und getrockneten Blättern hin und lässt die Kinder an Gewürzblättern riechen. Zum Abschluss erzählt sie, dass all diese Blätter von einem König gesammelt werden, und lädt die Kinder zu der folgenden Märchengeschichte ein.
Danach werden die Kerzen angezündet, das Licht wird ausgeschaltet und die Erzieherin beginnt zu erzählen.

Jeder von euch kennt aus vielen Märchen Könige und weiß auch genau, wie sie leben. Sie sind alle sehr reich, sie leben in Schlössern, sie tragen Kronen mit wertvollen Edelsteinen, sie haben Samtumhänge, die mit Perlen verziert sind, sie haben viele Diener, essen von goldenen Tellern, fahren in Kutschen und haben Schatzkammern, in denen sie Gold, Edelsteine, Ringe und Ketten aufbewahren. Auch der König, von dem ich jetzt erzähle, wohnt in einem Schloss, hat Diener, isst von goldenen Tellern, fährt in einer Kutsche und hat eine Schatzkammer. Doch darin bewahrt er kein Gold und keine Edelsteine auf, sondern Blätter aus aller Welt. Seine Krone und sein Samtumhang sind mit vergoldeten Blättern geschmückt. Jedoch sammelt der König nicht nur besonders schöne Blätter, die an gewöhnlichen Bäumen und Sträuchern hängen, sondern auch Salatblätter, besonders schöne Blütenblätter, Blätter von Kräutern, Blätter von Palmen, von Bananenbäumen, vom Löwenzahn, Kleeblätter, duftende Blätter und noch viele, viele andere. Der König hat so viele Blätter, wie andere Könige Goldtaler besitzen. Sie werden alle in großen gläsernen Fässern, die mit einer besonderen Flüssigkeit gefüllt sind, aufbewahrt. Woraus die Flüssigkeit besteht, das weiß niemand. Das ist sein Geheimnis. Da der König unzählige Blätter besitzt, wird er in Stadt und Land der Blätterkönig genannt. Er allein rührt hinter einer verschlossenen, eisernen Tür diese geheimnisvolle Flüssigkeit an und damit hält er seine Blätter über viele, viele Jahre lang frisch. Er lässt das ganze Jahr über niemanden in diese Kammer, und vor der Tür stehen Männer, die seine Blättersammlung Tag und Nacht bewachen. Der Blätterkönig schickt täglich Boten hinaus in andere Länder, die die Aufgabe haben, neue Blätter zu suchen. Fast immer ist der König überrascht, denn sie haben oft besonders große, besonders zackige,

besonders samtige, besonders weiche oder besonders glänzende Blätter mitgebracht, über die er sich sehr freut. Manchmal kommt es aber auch vor, dass die Boten Blätter mitbringen, die der König schon besitzt. Die wirft er dann aber nicht weg, sondern er sammelt diese Blätter in einem extra großen Fass und bewahrt sie für einen ganz besonderen Tag auf, auf den seine Diener, Mägde und sein Volk warten. Einmal im Jahr, und zwar dann, wenn es sich dem Ende zuneigt, wenn die Abende kälter, die Bäume bunter und die Felder leerer werden, wird auf dem Schlosshof der Tag des Blattes gefeiert. Es werden Stände und Buden aufgebaut, Spiele gemacht, Tänze vorgeführt, Gedichte vorgetragen und Lieder gesungen, und alles dreht sich dabei nur um das Blatt. Der König stellt aber an die Teilnahme eine Bedingung: Nur wer ihm ein seltenes Blatt mitbringt, darf mitfeiern. Menschen aus nah und fern, auch Könige kommen zu diesem Fest und bringen dem Blätterkönig wunderschöne Blätter mit. Den ganzen Tag und die ganze Nacht wird dann gefeiert, gesungen, getanzt, gelacht, gegessen und getrunken. Doch bevor alle wieder nach Hause gehen, hat der König noch eine besondere Überraschung. Wenn die Schlossturmuhr zwölf Mal schlägt, öffnet er die große eiserne Tür seiner Schatzkammer und lässt seine Gäste hinein. Sie können nun seine Blättersammlung betrachten und bestaunen. Der Blätterkönig geht stolz voran und hat zu jedem Blatt etwas zu erzählen. Zum Schluss geht er zu dem Fass, in dem die wertvollen Blätter aus allen Ländern aufbewahrt werden, die er mehrfach besitzt, und

schenkt jedem Festteilnehmer ein Blatt. Die Diener reichen ihnen noch ein kleines Glas mit der kostbaren Flüssigkeit, in der sie dann ihr Blatt aufbewahren können. Die Gäste bedanken sich beim Blätterkönig für dieses Geschenk. Stolz tragen sie es nach Hause. Wenn wieder Ruhe auf dem Schloss eingekehrt und der Blätterkönig allein ist, setzt er sich in seine Schatzkammer und bestaunt so lange stolz seine kostbaren Blätter, bis ihm die Augen zufallen. Zufrieden legt er sich schlafen und freut sich schon auf den nächsten Tag, denn dann bringen seine Boten ihm wieder neue wunderbare Blätter aus der ganzen Welt.

Auswertung:

Die verschiedenen Blätter können noch einmal betrachtet und das Gespräch vertieft werden. Danach bekommen die Kinder einen Streifen Pappe, Klebstoff, Goldpapier und Schere und können sich eine Krone mit goldenen Blättern basteln. Sie alle sind nun kleine Blätterkönige. Wenn es Zeit und Wetter erlauben, gehen die Blätterkönige hinaus, um Blätter zu suchen, die dann gepresst, getrocknet und in einem Glasrahmen aufbewahrt werden können.

Professor Blattgrün

Material: mehrere Schraubgläser, Pinzetten, Vergrößerungsgläser, Tüten, ein Fragenkatalog, eventuell ein kleiner Bollerwagen, eine Kanne Pfefferminztee (kalt oder warm), für jedes Kind ein Glas oder eine Tasse

Hinweis: Der Fragenkatalog wird zusammen mit den Kindern erarbeitet und von der Erzieherin vorab zusammengestellt.

Einstieg: Die Materialien liegen in dem Bollerwagen oder stehen griffbereit. Die Kinder sitzen im Kreis und die Erzieherin lädt sie ein, mit ihr Professor Blattgrün zu besuchen. Sie erzählt folgende Geschichte.

Vor einem grünen Tannenwald steht mitten auf einer grünen Wiese zwischen grünen Büschen, grünen Gräsern und Bäumen mit einem dichten grünen Blätterkleid ein kleines, grünes Haus. Darin wohnt Professor Blattgrün. Er beschäftigt sich von morgens bis abends mit allem, was in der Natur grün ist und Blätter hat. Ausgerüstet mit einem Vergrößerungsglas, einer Pinzette, großen und kleinen Gläsern und Tüten geht er, wenn das Licht den Tag begrüßt, auf Entdeckungsreise. Professor Blattgrün weiß sehr viel über Blätter, Gräser, Kräuter und Bäume. Oft lädt er Kinder zu sich ein, die mit ihm auf der grünen Wiese, im grünen Wald, zwischen den grünen Gräsern und Bäumen nach seltenen, besonderen, duftenden, großen und kleinen, runden und zackigen grünen Blättern suchen. Professor Blattgrün muss viele Fragen der Kinder beantworten, denn sie wollen vieles über die grünen Blätter, Gräser und Kräuter wissen. Aber auch er stellt Fragen an die Kinder, um festzustellen, was sie schon wissen. Heute wollen auch wir mit Pinzette, Tüten, Lupen, Gläsern und Taschen auf die grüne Wiese gehen und grüne Gräser, Kräuter und Blätter sammeln.

Ablauf: Die Kinder ziehen sich wetterfest an, packen ihre Arbeitsmaterialien in Tüten ein und gehen gemeinsam auf den Kinderspielplatz oder machen einen Spaziergang, bei dem sie wie Professor Blattgrün Blätter sammeln.
Die Erzieherin nimmt ihren vorbereiteten Fragenkatalog mit und stellt an verschiedenen Haltestationen Fragen, die sie gemeinsam mit den Kindern beantwortet.

Frage: Können Pflanzen atmen?

Antwort: Ja, die Blätter der Pflanzen haben kleine Löcher. Sie sind auf der Unterseite der Blätter. Durch diese Öffnungen atmen sie. Tagsüber atmen die Blätter Sauerstoff aus. Der Sauerstoff, den wir atmen, stammt von Pflanzen. Je mehr Pflanzen um uns herum sind, um so mehr Sauerstoff haben wir zum Atmen. Nachts aber atmen die Pflanzen Sauerstoff ein. Sie nehmen uns also den Sauerstoff weg. Deshalb sollten in einem Schlafzimmer keine Pflanzen stehen, denn sonst haben wir zum Atmen zu wenig Sauerstoff. Wenn es auf dieser Erde keine Pflanzen gäbe, so hätten wir Menschen viel zu wenig Sauerstoff, um zu leben.

Aufgabe: Die Kinder untersuchen die Blätter.

Frage: Warum haben manche Blätter Stacheln?

Antwort: Die Stacheln hindern Vögel und andere Tiere daran, die Blätter zu fressen. Sie sind spitz und tun weh. Eine Pflanze, die stachelige Blätter hat, ist die Distel.

Aufgabe: Die Kinder suchen Disteln oder andere Gewächse mit stacheligen Blättern.

Frage: Die Blüten von Blumen bestehen auch aus Blättern, aus bunten Blättern. Warum sind sie bunt?

Antwort: Blüten haben so leuchtende Blätter, um Insekten anzulocken. Manche Blüten enthalten eine süße Flüssigkeit, die Nektar heißt. Die Pflanzen brauchen Insekten, um Früchte mit Samen bilden zu können. Wenn die Insekten vom Nektar trinken, hinterlassen sie Pollen auf den Stempeln der Pflanzen, in dem sich die Samen bilden. Wären die Blütenblätter nicht so bunt und ihr Duft nicht so süß, würden die Insekten nicht kommen.

Aufgabe: Jedes Kind sucht eine Blüte mit farbigen Blättern.

Frage: Warum verlieren viele Bäume im Herbst ihre Blätter?

Antwort: Die Bäume verlieren ihre Blätter und nutzen die Zeit für eine Ruhepause. Nachdem sie ihr Laub abgeworfen haben, brauchen die Wurzeln keine Nahrung mehr für die Blätter heranzuschaffen. Jedoch ruht der Baum nicht ganz. Im Winter bilden sich die Knospen, aus denen im Frühling Blätter und Blüten werden.

Aufgabe: Die Kinder suchen blattlose Zweige oder abgefallene Blätter.

Frage: Gibt es Bäume, die ihre Blätter auch im Winter behalten?

Antwort: Ja, zum Beispiel die Fichten und die Kiefern. Sie behalten ihre Nadeln, die ihre Blätter sind, den ganzen Winter und werden daher als immergrüne Bäume bezeichnet. Wenn im Frühling neue Nadeln wachsen, fallen die alten ab.

Aufgabe: Suche die Nadeln von Fichten und Kiefern.

Abschlussgeschichte: Nach so einem langen Beobachtungstag lädt Professor Blattgrün die Kinder zu einem Pfefferminztee ein, den er aus frischen Pfefferminzblättern gekocht hat. Dieser Tee schmeckt den Kindern sehr gut, und nach einer Pause auf der grünen Wiese gehen sie zufrieden nach Hause.
Die Erzieherin schenkt an die Kinder den Pfefferminztee aus, dann gehen alle zurück in den Kindergarten.

Auswertung: Im Kindergarten werden alle gesammelten Dinge noch einmal betrachtet, eventuell die Fragen noch einmal vertieft und ein Anschauungsregal angelegt, auf dem alle Blätter, Zweige und Äste aufbewahrt werden. Im Laufe der Blättertage kann dort alles abgelegt werden, was die Kinder zu diesem Thema gesammelt oder gebastelt haben.

Blätter im Wind

Diese Bewegungsgeschichte wird von der Erzieherin erzählt. Die Kinder erzeugen an den entsprechenden Stellen Windgeräusche mit einem Stück Alufolie, Butterbrotpapier oder leeren Flaschen.

Kalter Wind weht durch die Gassen,
nimmt alles mit, was er kann fassen,
fegt geschwind um tausend Ecken,
nichts kann sich vor ihm verstecken.

Ein dicker Baum, ihn hört man klagen:
„Verschwinde Wind“, hört man ihn sagen.
Doch der Wind pustet noch mehr,
der dicke Baum, er klagt sooo sehr.

Der Wind zerzaust sein Blätterkleid,
die Blätter fliegen ganz, ganz weit.
Sie wirbeln hin und wirbeln her,
der Wind, er heult, er mag das sehr.

Sie tanzen so, wie er es will,
doch ist der Wind dann plötzlich still,
ruhen die Blätter hier und dort
und auch noch an manch andrem Ort.

Doch mit der Ruhe ist's vorbei,
der Wind, er eilt erneut herbei.
Er bläst und bläst mit aller Kraft,
dann hat er's wieder mal geschafft.

Die Blätter wirbeln wild herum,
auf einmal ist der Wind ganz stumm.
Die Blätter ruhn sich wieder aus,
für heute bleibt der Wind zu Haus.

Auswertung:
Nun kann die Geschichte dargestellt werden. Die Windgeräusche werden wie zuvor erzeugt. Ein Kind stellt den Baum dar und mehrere andere Kinder spielen die Blätter.

Spiele rund um das Blatt

Es tanzt ein klitzekleines Blatt

Spielablauf:

Alle Kinder bilden einen Kreis. Ein Kind beginnt mit dem Spiel. Es steht in der Kreismitte und bewegt sich entsprechend dem gesungenen Text. Nach und nach tanzen immer mehr Kinder (Blätter) im Kreis.

Hinweis:

Am Schluss des Kreisspiels bleibt ein Kind übrig. Es stellt in der letzten Strophe das Kind dar, welches die Blätter aufsammelt.

Es tanzt ein klitzekleines Blatt

(Melodie: Es tanzt ein Bi-Ba-Butzemann)

Es tanzt ein klitzekleines Blatt in diesem Kreis herum, widebum.
Es tanzt ein klitzekleines Blatt in diesem Kreis herum.
Es rüttelt sich, es schüttelt sich, alleine tanzen mag es nicht,
drum tanzt das klitzekleine Blatt mit dir im Kreis herum.

Es holt sich ein weiteres Kind.

Mehrmals wiederholen, bis nur noch ein Kind übrig ist.

Letzte Strophe:

Es fällt ein klitzekleines Blatt ganz müd im Kreis nun um, widebum.
Es fällt ein klitzekleines Blatt ganz müd im Kreis nun um.

Alle Kinder setzen sich auf den Boden.

Es kommt ein Kind vergnügt daher,
hebt alle auf, der Kreis ist leer.

Das Kind berührt die Kinder am Boden, und alle stehen auf.

Nun liegt kein klitzekleines Blatt in diesem Kreis herum.

Alle Kinder stehen wieder im Kreis.

Viele bunte Blätter

Spielablauf:

Die Kinder bewegen sich entsprechend dem Text wie Blätter, die vom Wind umhergewirbelt werden. Ein Kind stellt den Wind dar, die anderen die Blätter.

Viele bunte Blätter

(Melodie: Alle meine Entchen)

Viele bunte Blätter siehst du hier im Kreis,
siehst du hier im Kreis,
liegen da und träumen, sind dabei ganz leis.

Die Kinder sitzen im Kreis auf dem Boden.

Doch der Wind, er pustet, weckt die Blätter auf, weckt die Blätter auf,
sie wirbeln durcheinander, stehen alle auf.

Die Kinder stehen auf.

Viele bunte Blätter tanzen hin und her, tanzen hin und her,
der wilde Wind, er pustet, die Blätter freun sich sehr.

Die Kinder tanzen umher.

Der Wind, er ist nun müde, zieht sich zurück nach Haus, zieht sich zurück nach Haus,
die bunten Blätter schlafen, ruhen sich nun aus.

Die Kinder setzen sich wieder im Kreis auf den Boden.

Das winzig kleine Blatt

Vorbereitung:

Die Erzieherin malt vorher zu jeder Strophe ein passendes Bild, um den Kindern die Geschichte als Bildgeschichte vortragen zu können.

Einstieg:

Zunächst stellt die Erzieherin den Kindern ein Rätsel.

Was ist das?

Es ruht in einem Knospenhaus,
traut sich bei Kälte gar nicht raus.
Doch kommt die Sonne macht es: Knack,
und aus der Knospe kommt ein … (Blatt).

Wenn die Kinder das Lösungswort erraten haben, wird in einem kurzen Gespräch alles erzählt, was sie über Blätter wissen.
Danach zeigt die Erzieherin den Kindern nacheinander die einzelnen Bilder und trägt die passende Strophe vor. Am Ende legt sie die Blätter zu einer Bildergeschichte nebeneinander.

Ein winzig kleines Blatt
liegt müde und ganz matt
in seinem kleinen Knospenhaus
und ruht sich dort ganz lange aus.

Doch kommt die Sonne mit viel Kraft,
dann hat es dieses Blatt geschafft.
Mit einem Ruck, so platzt sein Haus,
nun kriecht das Blatt ganz langsam raus.

Es macht sich weit, es macht sich breit
und zeigt sein wunderschönes Kleid.
Es dreht am Baum sich hin und her,
das kleine Blatt, es mag sich sehr.

Das kleine Blatt, es glaubt es kaum,
sieht viele Blätter an dem Baum.
Gemeinsam machen sie sich weit,
der Baum, er trägt ein Blätterkleid.

Zusammen, ja, da tanzen sie,
stillstehen können Blätter nie.
Am Abend machen sie sich klein,
zusammen schlafen sie dann ein.

Abschluss:

Gemeinsam wird diese Geschichte als Darstellungsspiel aufgeführt. Ein Kind stellt die Sonne dar, die anderen Kinder kauern sich zusammen, richten sich dann langsam auf und strecken sich.

Eine Blätterreise

Material:

pro Gruppe 2 Noppenbälle, ein Wollfaden, zwei Strohhalme oder dünne Zweige, zwei Bierdeckel, eine Decke

Raumvorbereitung:

Der Raum ist verdunkelt und warm. Für je eine Gruppe von drei Kindern wird eine Decke auf den Boden gelegt. Einige Kerzen vermitteln eine entspannende Atmosphäre.

Ablauf:

Die Kinder finden sich in Dreiergruppen zusammen. Ein Kind liegt in Bauchlage leicht bekleidet auf einer Decke, die beiden anderen Kinder knien rechts und links neben ihm. Die beiden knienden Kinder haben einen Noppenball, ein Kind hat zusätzlich einen Wollfaden, das andere zwei Strohhalme oder dünne Zweige. Beide Kinder haben einen Bierdeckel. Sie agieren mit den genannten Hilfsmitteln auf dem Rücken des liegenden Kindes entsprechend dem Text. Ruhige Musik untermalt dieses Körperspiel.

Einen Noppenball über den Rücken rollen.
Den Noppenball drehen.
Den Noppenball langsam rollen und dann still liegen lassen.

Ein Blatt, es macht heut ganz, ganz leise,
eine lange, lange Reise.
Es kullert langsam und dann schnell
und dreht sich auch mal auf der Stell.
Es kullert langsam, bleibt dann stehn,
nanu, was hat es wohl gesehn?

Den zweiten Noppenball über den Rücken rollen.
Den Noppenball langsam und dann schnell über den Rücken rollen.
Den Noppenball drehen.

Ein zweites Blatt macht auch ganz leise
heute eine lange Reise.
Es kullert langsam und dann schnell,

und dreht sich auch mal auf der Stell.

Den Noppenball langsam rollen und dann still liegen lassen.	Es kullert langsam, bleibt dann stehn, nanu, was hat es wohl gesehn?
Beide Noppenbälle entsprechend dem Text über den Rücken führen.	Zwei Blätter machen nun ganz leise, eine lange, lange Reise. Sie kullern langsam und dann schnell und drehn sich auch mal auf der Stell. Sie kullern langsam, bleiben stehn, nanu, was haben sie gesehn?
Mit dem Wollfaden über den Körper streichen.	Sie treffen einen Regenwurm, der kriecht alleine durch den Sturm. Er kriecht erst langsam und dann schnell, jetzt kommt er gar nicht von der Stell. Nun verschwindet er im Dreck,
Den Wollfaden vom Körper nehmen.	der Regenwurm, er ist nun weg.
	Zwei Blätter kullern wieder leise, weiter geht nun ihre Reise.
Die beiden Noppenbälle wieder wie im Text beschrieben über den Rücken rollen.	Sie kullern langsam und dann schnell und drehn sich auch mal auf der Stell. Sie kullern langsam, bleiben stehn, nanu, was haben sie gesehn?
Alle Bewegungen gemäß Text mit den beiden Strohhalmen bzw. dünnen Zweigen ausführen.	Sie treffen eine kleine Maus, sie trippelt schnell geradeaus. Sie trippelt langsam und dann schnell, sie kommt geschwind heut von der Stell. Sie hat ihr Mauseloch gefunden
Die Strohhalme vom Körper nehmen.	und ist ganz schnell darin verschwunden.
Die beiden Noppenbälle über den Rücken führen.	Zwei Blätter kullern wieder leise, weiter geht nun ihre Reise. Sie kullern langsam und dann schnell und drehn sich auch mal auf der Stell.
Mit dem Bierdeckel über den Rücken wedeln.	Plötzlich weht der Wind sie fort an einen weiten, fremden Ort.
Schluss:	Das Kind bleibt noch eine kurze Zeit still liegen und genießt den erlebten Körperspaziergang. Danach wird gewechselt. Das Spiel wird mindestens dreimal durchgeführt.

Unruhige Zeiten mit Familie Blattlaus

Material: eine Auswahl an Orff-Instrumenten, z. B. große und kleine Glocken, ein Paar Klangstäbe, verschiedene Holzinstrumente, Triangel, Glockenspiel, Holzblock, Rasseln, Tamburin, falls vorhanden ein Bild mit Blattläusen (ansonsten das Bild eines Baums), viele kleine Abdeckblätter

Hinweis: Die Anzahl der Instrumente sollte größer sein als die Anzahl der Kinder. Dadurch werden sie nicht in ihrer Entscheidungsfreiheit eingeschränkt. Alternativ oder in Ergänzung zu den Orff-Instrumenten können mit Steinchen oder Sand gefüllte Dosen, Deckel, Pergamentpapier, Löffel usw. zur Verklanglichung zur Verfügung gestellt werden.

Einstieg: Das Bild mit dem Blattlaus- oder Baummotiv liegt auf dem Boden und ist mit kleinen Blättern bedeckt, damit die Kinder das Motiv nicht sofort erkennen. Nacheinander können sie dann ein Blatt nach dem anderen entfernen. Die Kinder sollen möglichst früh erraten, was auf dem Blatt zu sehen ist. Wenn das Motiv erraten wurde, werden alle Abdeckblätter weggenommen. Die Erzieherin initiiert ein Gespräch über das Bildmotiv, leitet dann zur folgenden Geschichte über und erzählt sie. Dabei kommen die Instrumente zunächst noch nicht zum Einsatz.

In einem großen Baum mit unzähligen saftigen, grünen Blättern wohnen Herr und Frau Blattlaus mit ihren vielen, vielen Kindern, die immer nur eines haben, nämlich Hunger. Früh morgens, wenn die ersten Sonnenstrahlen auf die Erde fallen (Glockenspiel) und den großen Baum erreicht haben, geht das Geschrei der Blattlauskinder schon los (kleine Glocken). Ein Glück, dass dieses Geschrei nur die Tiere hören können und nicht die Menschen, sonst würden sie sich bestimmt etwas einfallen lassen, um die Blattläuse für immer loszuwerden. Damit Vater und Mutter Blattlaus keinen Ärger mit den noch schlafenden Tieren bekommen, trippeln sie so schnell es geht mit ihren Kleinen (große und kleine Glocken) zwischen den Ästen und Zweigen herum, um saftig grüne Blätter zu finden. Haben sie geeignete Blätter gefunden, so beginnt das große Fressen. Nun ist kein Geschrei mehr zu hören, sondern ein lautes Knabbern und Schmatzen (Die Glocken werden ersetzt durch Holzinstrumente), was wieder nur die Tiere und nicht die Menschen hören können.

An diesem Morgen haben Vater und Mutter Blattlaus Glück. Zumindest denken sie das, denn bisher ist noch kein anderes Tier aufgewacht. Doch kaum haben sie das gedacht, da schreit auch schon die Vogelmutter in ihrem Nest. Sie schimpft (Triangel), denn sie ist von dem lauten Schmatzen und Knabbern wach geworden. Doch, o weh, von dem Schrei der Vogelmutter ist das Eichhörnchen aufgeweckt worden. Es kommt aus seiner Höhle, hüpft aufgeregt von Ast zu Ast (Holzblock) und schimpft über das Geschrei der Vogelmutter, das es aufgeweckt hat. Als das Eichhörnchen so aufgebracht durch den Baum hüpft (Holzblock), wackeln die Äste und Zweige so stark (Rasseln), dass einige Eicheln auf die Erde und direkt auf den Kopf eines Hasen fallen (Tamburin), der unter dem Baum liegt und schläft. Von diesen herunterfallenden Eicheln wird der Hase wach, er hoppelt aufgeregt um den Baum herum und beschimpft (Klangstäbe) das Eichhörnchen, das aufgeregt von Ast zu Ast springt (Holzblock) und dabei den Vogel beschimpft, der in seinem Nest sitzt und laut zwitschernd (Triangel) Herrn und Frau Blattlaus beschimpft.

Alle sind empört, nur die hungrigen Blattlauskinder bekommen von all dem nichts mit. Sie fressen, schmatzen und knabbern weiter (Holzinstrumente) gerade so, als wäre gar nichts geschehen. Nach einiger Zeit sind sie satt und Vater und Mutter Blattlaus krabbeln mit ihren Kindern zurück (große und kleine Glocken) in ihre Wohnung. Langsam kehrt wieder Ruhe ein. Der Vogel fliegt noch einmal im Baum herum (Triangel) um nachzuschauen, ob nun auch alle Blattläuse wieder verschwunden sind. Dann legt er sich in sein Nest und schläft weiter. Das Eichhörnchen nimmt schnell noch einige Eicheln mit und hüpft (Holzblock) zurück in seine Höhle, und der Hase hoppelt (Klangstäbe) auch noch einmal um den Baum, um nachzusehen, ob alles in Ordnung ist. Dann macht er es sich wieder unter dem Baum bequem und schläft schnell ein. Nun ist es mäuschenstill in dem Baum, so als wäre niemals etwas gewesen. Nur die Blätter rascheln ganz, ganz leise im Wind (Rasseln).

Auswertung:

Nun werden die verschiedenen Instrumente in die Kreismitte gelegt. Nach einer Experimentierphase werden sie den entsprechenden Tieren und Geräuschen zugeordnet und die Geschichte kann verklanglicht werden.

Rätsel und Spiele rund um das Blatt

Vorbereitungen:

Die Erzieherin malt ein großes Bild mit einem Baum, der sehr kleine Blätter hat, mit anderen Bäumen, die schöne, große Blätter haben, mit einer Wiese, auf der Blumen, Klee und andere Pflanzen wachsen. Alle haben wunderschöne Blätter. Zusätzlich schneidet sie 9 verschiedene Blattformen aus. Auf diese schreibt sie die unten beschriebenen Spiele und Rätsel. Dann stellt sie die angegebenen Spielutensilien her.

Einstieg:

Die Kinder sitzen im Kreis und das große Bild wird betrachtet und besprochen. Dabei wird besonders auf die verschiedenen schönen Blätter hingewiesen.
Danach erzählt die Erzieherin die Geschichte von dem traurigen Baum.

Es war einmal ein Baum, der stand mit anderen Bäumen auf einer Wiese. Um ihn herum wuchsen wunderschöne Blumen, Klee, duftende Kräuter und auch sonst noch so allerhand. Der Baum stand da, schaute täglich unter sich und bestaunte all diese schönen Dinge, vor allem aber die herrlichen Blätter, die jede Blume, Pflanze, jedes Kraut und auch die anderen Bäume hatten. Seine Blätter aber waren klein und gefielen ihm gar nicht. „Ach", sagte er leise, „wenn ich doch auch so schöne Blätter hätte wie die anderen Bäume und die Blumen, Gräser, Kräuter und Pflanzen unter mir." Das hörte ein großes Sauerampferblatt und es sah auch, dass der Baum traurig war. Es wollte helfen, wusste aber nicht, wie. Deshalb fragte der Sauerampfer die anderen Pflanzen, was man machen könnte. „Wir schenken dem Baum ein Blatt von uns, dann wird er bestimmt wieder zufrieden sein", sagte ein Wildkraut, das ganz viele dünne Blätter trug. „Ja, und glücklich ist er dann auch wieder!", rief das Blatt eines Stiefmütterchens, das voll war von wunderschön glänzenden Blättern. „Das können wir ja machen", sagte mit dunkler Stimme ein Baum, der unzählige große, zackige Blätter trug. „Aber einfach schenken, das sehe ich gar nicht ein. Der Baum soll wenigstens etwas dafür tun." „Aber was soll er denn tun?", fragte ein kleines, vierblättriges Kleeblatt. Es hatte bisher still dem Gespräch zugehört. Der große Baum hatte schnell eine Idee und sagte: „Der unzufriedene Baum soll erst einige Rätsel und Aufgaben lösen. Für jede gelöste Aufgabe und jedes richtig erratene Rätsel bekommt er von uns ein Blatt." Diese Idee fanden die anderen Pflanzen, Blumen, Sträucher und Gräser sehr gut. Doch der traurige Baum war davon gar nicht begeistert und sagte: „Und wenn ich allein die Aufgaben und Rätsel nicht schaffen kann, was dann?" „Dann hol dir doch Hilfe", rief eine ganz, ganz junge Eiche, die winzige hellgrüne Blätter trug. Kaum hatte die kleine Eiche das gesagt, kam eine große Käferschar angekrabbelt. Sie hatten Hunger und knabberten an den Blüten und Blättern der herrlichen Pflanzen, Sträucher und Bäume. Vor dem Baum mit den klitzekleinen Blättern blieben sie stehen, und ein Käfer sagte: „Was hat der Baum aber hässliche und kleine Blätter, die mag ich nicht knabbern." Der Baum hörte das und sagte: „Ich finde meine Blätter auch nicht schön. Die anderen Pflanzen und Büsche wollen mir ein Blatt von sich schenken. Aber dafür muss ich Aufgaben lösen. Könnt ihr mir helfen?" Die Käfer hatten viel Zeit und waren sofort bereit, dem traurigen Baum zu helfen. Sie lösten mit ihm ein paar Rätsel und erledigten einige Aufgaben. Doch nach kurzer Zeit hatten sie keine Lust mehr und krabbelten davon. Nun stand der Baum allein da und war sehr traurig. Wer würde ihm jetzt helfen?

Erzieherin:

Wir wollen dem Baum helfen und gemeinsam die restlichen Aufgaben und Rätsel lösen, damit er andere Blätter bekommt und dann glücklich und zufrieden ist.

Ablauf: Gemeinsam werden nun die folgenden Spiele gemacht und Rätsel gelöst. In einem Korb liegen die vorbereiteten Blätter, auf deren Rückseite die Aufgaben oder Rätsel stehen. Immer, wenn die Kinder eine Aufgabe gelöst haben, nehmen sie ihr Blatt und legen es auf das Bild bzw. an den unglücklichen Baum.

Blattpaare suchen

Material: zwei Körbe, zwei Abdecktücher, 4 deutlich unterschiedliche Blattpaare

Durchführung: In zwei Körben, die mit einem Tuch abgedeckt sind, liegt je ein Blatt von den Blattpaaren. Durch Fühlen sollen die Blattpaare herausgefunden und zusammengelegt werden.

Ich habe was, was du auch hast

Material: mehrere gleiche Blattpaare aus Pappe, ein Tisch

Durchführung: Der Tisch wird auf die Seite gekippt. Je ein Kind sitzt vor, eines hinter dem Tisch und beide haben die gleichen Blätter. Ein Kind beschreibt die Form seines Blattes, das andere findet unter seinen Blättern das gleiche und hält es hoch.

Ordne die Blattgrößen

Material: je eine Blattform aus Pappe in 4 verschiedenen Größen

Durchführung: Ein Kind soll versuchen, die Blätter ihrer Größe nach hintereinander zu legen.

Schau genau

Material: pro Kind ein Blatt Papier, auf dem 4 bis 6 Blätter in ihren Umrissen zu sehen sind, die dazu passenden Blätter, die aus Tonpapier ausgeschnitten wurden

Durchführung: Jedes Kind bekommt ein Blatt Papier und soll nun unter den Tonpapier-Blättern die Blätter finden, die zu den Umrissen passen.

Rätsel

Was ist das für ein Blatt?
Du findest es am Straßenrand.
Doch nimmst du es in deine Hand,
dann tut dieses Blatt dir weh,
die Hand, sie juckt, o jemine.
(Brennnesselblatt)

Was ist das?
In ihm, da hat ein Stiel gesessen,
den hat mit Kopf die Kuh gefressen.
Die grünen Blätter mag der Hase,
sag, was wächst bei euch im Grase?
(Löwenzahn)

Was ist das?
Es wächst im Gras, ist winzig klein,
es steht dort meistens nicht allein.
Findest du es, dann bringt es Glück,
doch nur, wenn's Blätter hat 4 Stück.
(Kleeblatt)

Was ist das?
Hat viele Blätter, der Kopf ist rund,
die Blätter, die sind sehr gesund.
Sie kommen täglich immer frisch
bei vielen auf den Mittagstisch.
(Kopfsalat)

Abschlussgeschichte:

Jetzt sind alle Aufgaben und Rätsel gelöst und wir haben dem Baum ein neues Blätterkleid geschenkt. Mit einem Mal kommen viele Menschen auf die Wiese. Sie sehen den Baum mit dem wunderschönen Blätterkleid. Sofort laufen sie zu ihm und bestaunen ihn, denn einen Baum mit so vielen verschiedenen Blättern haben sie noch nie gesehen. Von dem Tag an wird der Baum von vielen Menschen und auch von den Pflanzen und Blumen auf der Wiese sehr bewundert.

Kreatives mit Blättern

Blätterdruck

Material: einfarbiges Papier, Plakafarbe, Pinsel, Blätter, Wachsmalkreiden

Anleitung: Die Blätter werden mit Plakafarbe auf einer Seite angemalt. Dann wird das Blatt mit der bemalten Seite nach unten auf das Papier gelegt. Nun mit der Faust fest drüber streichen und das Blatt vorsichtig abziehen. Auf dem Papier hat sich die Struktur des Blattes in der verwendeten Farbe abgedrückt. So kann man Geschenkpapier, Servietten, Grußkarten, Tischkarten, Gratulationskarten oder schöne Bilder gestalten.

Variation: Das Blatt wird unter das Papier gelegt. Nun rubbelt man mit der Wachsmalkreide vorsichtig über die Stelle, an der das Blatt liegt. Der Umriss des Blattes und vielleicht die Struktur des Blattes bzw. einzelne Blattrippen zeichnen sich auf dem Papier ab.

Fantasiefiguren aus Blättern

Material: viele verschiedene Blätter, weißes Tonpapier, Klebstoff, Bunt- oder Wachsmalstifte

Anleitung: Zunächst werden die Umrisse von Vögeln, Feen, Papageien und anderen Figuren auf das Tonpapier gemalt. Danach bekommen alle vorgezeichneten Gestalten ein schönes Kleid aus verschiedenen Blättern in unterschiedlichen Farben. Die Blätter werden festgeklebt.

Hinweis: Die Kunstwerke sind länger haltbar, wenn die Blätter vorher gepresst und getrocknet wurden.

Stickbilder Blätter und Blüten

Material: Tonpapier, eine Sticknadel, eine Prickelnadel, Stickgarn, Bleistift, Schere

Anleitung: Das Tonpapier wird in Rechtecke (Format ca. 13 x 17 cm) geschnitten. Darauf wird ein Blatt gemalt oder ein echtes Blatt wird darauf gelegt und die Umrisse werden abgezeichnet. Entlang der Linie werden mit einer Prickelnadel Löcher gestochen. Nun wird der Rand bestickt. Zum Schluss wird das Blatt oder die Blüte bunt gemalt.

Blättertastwand

Material: viele Blätter und Blüten jeweils paarweise, Korkplatte, Korkkleber

Anleitung: Die Blätter und Blüten werden gepresst, getrocknet und auf ein großes Stück Kork geklebt. Diese Korkplatte wird an einer Wand befestigt. Mit verbundenen Augen können nun Blattpaare erfühlt werden.

Blättermemory

Material: Bierdeckel, Tonpapier, gepresste Blätter oder Blüten, jeweils zwei von einer Sorte, Klebstoff, Schere

Anleitung: Die Bierdeckel werden zunächst von beiden Seiten mit dem Tonpapier beklebt. Dann werden die gepressten Blätter und Blüten einzeln auf eine Seite jedes Bierdeckels geklebt – schon ist das Blättermemory fertig.

Der alte Herr Wind und die Bergzwerge

Material:

Astzwerge (Beschreibung siehe unten), Hocker, zwei braune Tücher, Moos, DIN A4-Papier, Malstifte, Wattebällchen, CD-Spieler, ruhige Musik (Wind), kleine Lampe, für jedes Kind ein Sitzkissen und eine Malunterlage (Holzbrett)

Vorbereitungen:

Einige Tage zuvor gestalten die Erzieherinnen aus dicken Ästen, die am einen Ende gerade, am anderen schräg abgeschnitten wurden, mehrere Zwerge. Dazu werden auf die schräge Schnittkante mit Plakafarbe Gesichter gemalt. Ein Hocker mit einem braunen Tuch darüber wird als Berg aufgestellt und mit Moos gestaltet. Anschließend werden die Zwerge um den „Berg" gruppiert. Die so gestaltete Szene wird mit einem Tuch abgedeckt und von einer kleinen Lampe angestrahlt.

Einstieg:

Die Kinder setzen sich auf ihre Kissen.

Atemspiele

1. Die Kinder atmen durch die Nase ein und atmen mit spitzem Mund wieder aus. Dabei blasen sie Luft in ihre Hand. (Dreimal hintereinander.)
2. Die Kinder atmen durch die Nase ein und atmen mit weit geöffnetem Mund wieder aus. Auch jetzt halten sie die Hand wieder dicht vor ihren Mund, um den Atem zu spüren.
3. Die Kinder atmen durch die Nase ein und atmen durch den Mund wieder aus. Durch die dicht vor den Mund gehaltene Hand spüren sie auch jetzt wieder die dabei frei werdende Luft.

Windmeditation

Die Kinder lauschen einer „Windmelodie" (ruhige Musik vom CD-Spieler) und lassen ihren Gedanken freien Lauf. In einem Gespräch können sie ihre Gedanken austauschen. Danach wird das Tuch aufgedeckt und die Szene mit dem Berg und den Zwergen enthüllt. Die Erzieherin erzählt die folgende Geschichte.

Hoch oben hinter den Bergen, dort, wo das ganze Jahr über Schnee liegt, wohnt ganz tief in einer Felsspalte der alte Herr Wind. Schon viele Jahre lang bläst er mit aller Kraft warme oder kalte Luft zur Erde. Und hier oben wohnen auch die Bergzwerge. Sie sind die Nachbarn vom Herrn Wind. Er und die Zwerge verstehen sich recht gut, aber hin und wieder ärgern die Zwerge den Wind.

Manchmal, wenn er tief und fest schläft, piksen sie ihn mit einer Tannennadel in die dicken Blasebacken. Der Wind erschrickt und bläst so stark, dass es auf der Erde stürmt. Die Menschen erkennen daran, dass hoch oben auf dem Berg wieder Unruhe ist. Da sie aber nie genau wissen, wie lange diese Unruhe und damit auch der Sturm anhalten werden, holen sie schnell die Kinder ins Haus und bringen ihre Tiere in den Stall. Sie schließen Türen und Fenster und warten darauf, dass der Sturm sich legt. Es dauert oft sehr lange, bis der alte Herr Wind sich von dem Schrecken erholt und wieder beruhigt hat. Manchmal wird aus dem Sturm sogar ein noch stärkerer Orkan, der Bäume umreißt, Dachziegel von den Dächern pustet und Autos umwirft. Die Bergzwerge werden in solchen Fällen immer etwas ängstlich und bitten den Wind um Verzeihung. Der alte Herr beruhigt sich dann schnell und stellt das Blasen ein. Die Menschen auf der Erde sind darüber sehr froh, denn nun können sie wieder die Fenster öffnen, die Tiere auf die Weide bringen und die Kinder draußen spielen lassen.

In den letzten Wochen haben die Bergzwerge bemerkt, dass der alte Herr Wind oft sehr müde ist. Er schläft so fest, dass er manchmal gar nicht spürt, wenn sie ihn mit der Tannennadel piksen. Nur hin und wieder öffnet er seine Augen ein wenig, bläst einmal kurz und schläft wieder ein. Der alte Herr Wind fühlt sich sehr schlapp und müde.

Die Menschen auf der Erde klagen. Es ist ihnen viel zu heiß. Ein kühler Wind würde ihnen gut tun.
Die Bergzwerge machen sich große Sorgen. So kennen sie den alten Herrn Wind gar nicht. Ist er vielleicht krank? Kaum haben sie darüber nachgedacht, da hören sie ihn schon husten. Plötzlich niest er mehrmals so stark, dass die Zwerge im hohen Bogen in alle Himmelsrichtungen gewirbelt werden. Sie verlieren dabei ihre Mützen, stoßen mit ihren Köpfen gegen Wurzeln und Steine oder purzeln bis vor eine Felswand. Die Menschen auf der Erde bekommen Angst, denn bei jedem Niesen zerbrechen Fensterscheiben, klirren die Tassen in den Schränken und fallen Bilder von den Wänden. Die Zwerge sind völlig ratlos. Wie können sie dem alten Herrn Wind nur helfen? Sie setzen sich zusammen, ziehen ihre Mützen tief ins Gesicht und überlegen. Plötzlich hat der kleinste und jüngste Zwerg eine Idee. Sie könnten doch die Schnecke Tamara um Rat fragen, die nicht weit von hier unter einer alten, riesengroßen Wurzel lebt. Sie ist sehr klug. Schnell laufen alle Zwerge zur alten Wurzel und erzählen Tamara von dem kranken Herrn Wind. Als Tamara das hört, holt sie ihr großes Teebuch. Darin stehen viele Rezepte, die schon so manchen kranken Bergbewohner wieder gesund gemacht haben. Nachdem sie eine Weile geblättert und gesucht hat, findet sie das richtige Rezept: Schneeflockensaft. Der wird den alten Herrn Wind bestimmt wieder gesund machen. Aus vielen Schneeflocken, die oben auf der Spitze des höchsten Berges liegen, sollen die Zwerge ihm diesen Saft kochen. Davon soll der kranke Herr Wind drei Tage lang morgens, mittags und abends ein großes Glas trinken. Dann wird er bestimmt wieder gesund.
Jetzt haben die Zwerge eine schwere Aufgabe zu erfüllen. Auf den höchsten Berg zu klettern, ist bestimmt nicht einfach. Aber weil sie oft sehr unfreundlich zu dem alten Herrn gewesen sind und ihn manches Mal geärgert haben, wollen sie ihm jetzt helfen. Am nächsten Morgen, bepackt mit leeren Kannen, so groß wie Fingerhüte, klettern sie den Berg hinauf. Das ist sehr gefährlich, denn je höher sie kommen, umso tiefer wird der Schnee. Die kleinen Hände der Zwerge sind bald so kalt, dass sie die Kannen kaum noch tragen können. Aber sie geben nicht auf, sie wollen es unbedingt schaffen. In der Ferne hören sie den kranken Herrn Wind niesen und sogleich

fegt ihnen ein eisiger Wind um die Nasen. Doch endlich sind sie oben angelangt. Hier auf der Spitze liegt schöner weißer Schnee, genau wie die Schnecke Tamara ihn beschrieben hat. Die Schneeflocken sind so dick wie Erbsen und jeweils nur eine davon passt in eine Zwergenkanne. Nachdem die Zwerge alle Kannen gefüllt haben, schleppen sie diese den Berg wieder hinunter. Das ist eine sehr schwere Arbeit. Den Zwergen fließen viele dicke Schweißtropfen über das Gesicht. Doch schließlich ist auch der mühselige Rückweg geschafft und die Bergzwerge kochen den Schneeflockensaft. Sie müssen sich beeilen, denn der kranke Herr Wind hat Fieber bekommen. Zitternd sitzt er in der Felsspalte und wartet auf die Hilfe der Zwerge. Schon kurz nachdem er den heißen Saft getrunken hat, spürt er eine mollige Wärme, die durch seinen Körper strömt. Die Zwerge haben zusätzlich einige große Blätter mitgebracht, die sie dem Herrn Wind um den Hals wickeln. Nachdem die Bergzwerge den kranken Herrn Wind drei Tage und Nächte hindurch gepflegt haben, sind Fieber und Erkältung wie weggeblasen. Welche Freude! Endlich ist der alte Herr Wind wieder gesund. Vorsichtig versucht er zu blasen, und zum Glück geht es wieder sehr gut. Er bläst und bläst, und ein sanfter Wind weht über die Erde. Die Menschen sind froh. Endlich spüren sie wieder den kühlen, wohltuenden Wind. Die Zwerge sind stolz, denn sie haben den alten Herrn Wind wieder gesund gepflegt. Von dem Tag an ärgern sie ihn nicht mehr. Sie lassen ihn in aller Ruhe so lange schlafen, wie er will. Wenn er mal keine Lust hat, Wind auf die Erde zu schicken, dann blasen die Zwerge alle gemeinsam so fest sie können und die Menschen freuen sich über die leichte Brise, die ihnen um die Nase weht.

Abschluss:

Jedes Kind faltet aus einem DIN A4-Blatt, das es vorher mit Malstiften gestalten kann, einen Fächer. Mit diesem können verschiedene Windspiele durchgeführt werden, beispielsweise sich selbst Wind schenken, einem anderen Kind Wind zufächeln oder im Raum verteilte Wattebällchen mit dem Fächerwind vorwärts bewegen.

Komm, ich hole meinen Drachen

Material:

ein Bogen Tonpapier (weiß), ein schwarzer Filzstift, Buntstifte, quadratische Faltblätter, Locher, Wolle, für jedes Kind Klebstoff und Schere

Einstieg:

Die Kinder sitzen im Kreis. Die Erzieherin stellt ein Bildrätsel. Sie malt einen großen Drachen. Während sie malt, können die Kinder das Motiv erraten. In einem Gespräch können die Kinder über eigene Abenteuer beim Drachensteigen berichten. Die Erzieherin lenkt das Gespräch auf den Wind und liest schließlich langsam die folgende Reimgeschichte vor.

Hinweis:

Das letzte Wort in der 2. Verszeile setzen jeweils die Kinder ein.

Reimgeschichte:

Komm, ich hole meinen Drachen,
mit ihm kann ich im Wind viel … (machen).

Ich halt ihn fest mit meiner Hand,
der Wind, er zieht am langen … (Band).

Der Drachen steigt, tanzt hin und her,
das bunte Ding, das mag ich … (sehr).

Ich halt ihn fest und schau ihm zu,
jetzt steht er still, er gönnt sich … (Ruh).

Doch plötzlich weht der Wind und dann
fängt er erneut zu tanzen … (an).

O weh, er stürzt, ich zieh ganz fest,
der Wind ihn wieder steigen … (lässt).

Der Drachen saust nun hin und her,
ihn festzuhalten ist sehr … (schwer).

Ich zieh und halt das lange Band
ganz fest in meiner starken … (Hand).

Ich schau zum Himmel, ach, wie schön,
dem Drachen heute zuzu… (sehn).

Was nun, der Wind, er pustet sacht,
mein Drachen einen Kopfstand … (macht).

Er stürzt kopfüber in das Gras,
macht nichts, es war ein Riesen … (Spaß).

Ich nehm den Drachen, geh nach Haus,
doch morgen geh ich wieder … (raus).

Auswertungsvorschläge:

1. Diese Geschichte lässt sich gut pantomimisch darstellen.
2. Gemeinsam können die Kinder mit Buntstiften den Drachen bunt malen.
3. Aus einem quadratischen Faltblatt kann sich jedes Kind einen eigenen Drachen falten.

Spiele mit dem Wind

Die Windflitzer

Material: weißes Tonpapier, Schere, Buntstifte

Anleitung: Aus dem Tonpapier wird ein größeres Rechteck gefaltet. Dieses wird quer in der Mitte geknickt. Nun wird auf die eine Hälfte ein Männchen gezeichnet. Es wird angemalt und so ausgeschnitten, dass der Kopf mit dem Knick verbunden bleibt (siehe Illustration unten). Nun kann man den Windflitzer auf einen Tisch stellen. Wer hat die stärkste Puste? Nun wird nämlich der Windflitzer von einer Tischkante über den Tisch gepustet, bis er auf der anderen Seite herunterfällt. Bei einem Windflitzer-Wettspiel treten immer zwei Windflitzer gegeneinander an, die um die Wette über den Tisch gepustet werden.

Hinweis: Über den Tisch können auch Wattebäusche, Federn oder Luftballons, die nur ein wenig aufgeblasen wurden, gepustet werden.

Zielpusten

Material: Kieselsteinchen oder kleine Holzstöckchen, Wattebausch

Anleitung: Mit den Steinen oder Stöckchen werden an zwei gegenüber liegenden Tischkanten Tore markiert. Dann versuchen zwei Kinder, einen Wattebausch in das gegnerische Tor zu pusten. Wer hat in einer bestimmten Zeit die meisten Tore gepustet?

Hinweis: Zum Pusten kann auch eine Luftpumpe oder ein Blasebalg genommen werden.

Das Blätter-Pustespiel

Material: 2 kleine Tische, 12 leere Flaschen, 12 kleine Faltblätter

Anleitung: Die Flaschen werden auf zwei Tische verteilt. Auf jede Flasche wird ein Faltblatt gelegt. Nun sollen die Kinder auf ein Zeichen (Händeklatschen) die Blätter nacheinander von den Flaschen pusten. Wer hat zuerst alle Blätter heruntergepustet? Wer es geschafft hat, die Blätter sogar noch vom Tisch zu pusten, der ist Pustekönig.

Variation: Die Kinder können mit einem aufgeblasenen Luftballon, mit einem Blasebalg oder einer Luftpumpe, mit einem Stück Pappe als Fächer etc. versuchen, die Blätter von den Flaschen und vom Tisch zu pusten oder zu wirbeln.

Erbsen in Nachbars Garten

Material: Erbsen, Strohhalme, ein Wollfaden

Anleitung: Der Wollfaden wird auf den Boden gelegt. Er ist die Grenzlinie zwischen zwei Gärten. Nun werden in die eine und in die andere Gartenhälfte die gleiche Menge Erbsen gelegt. Sie müssen mit dem Strohhalm über die Linie in den anderen Garten gepustet werden. Auf ein Zeichen (Händeklatschen) wird das Spiel gestoppt. Wer hat die wenigsten Erbsen in seinem Garten, wer die meisten? Wer die wenigsten in seinem Garten hat, hatte die beste Puste.

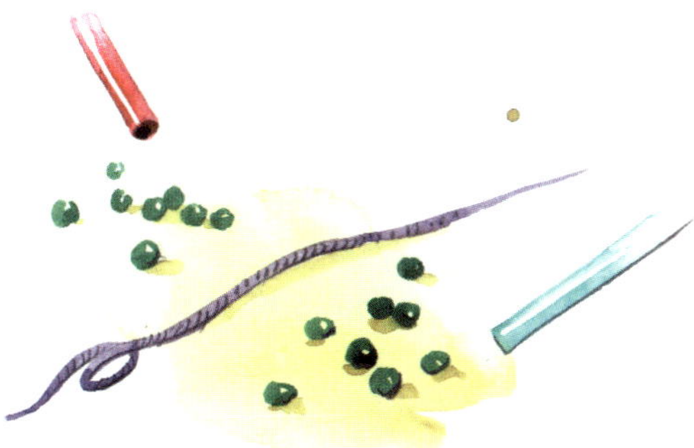

Zehn Schwalben sitzen auf der Stange

Fingerspiel

Ellbogen auf den Tisch stellen, Finger still halten.	Zehn Schwalben sitzen auf der Stange.
Gähnen und stöhnen.	Sie warten auf den Wind schon lange. Sie gähnen, stöhnen, aber dann –
Pusten.	fängt der Wind zu blasen an.
Hin und her schauen.	Zehn Schwalben schauen hin und her, sie mögen diesen Wind so sehr.
Finger bewegen.	Sie recken sich und fangen dann munter und froh zu fliegen an.
Finger bewegen und pusten.	Zehn Schwalben fliegen mit dem Wind, froh ist ein jedes Schwalbenkind.
Finger hin und her bewegen.	Sie fliegen in die weite Welt, in der es ihnen gut gefällt.
Die Ellbogen auf den Tisch stellen und die Finger spreizen.	Zehn Schwalben kommen spät nach Haus, sie ruh‘n sich auf der Stange aus.
	Der Wind, er geht von hier nun fort, er sucht sich einen andren Ort.

Ein Segelschiff

Fingerspiel

Die Handflächen werden aneinander gelegt und ein wenig geöffnet. Die Daumen werden hochgestreckt. Sie bilden die Segel.

Das Segelschiff stillhalten. Pusten.	Ein Segelschiff ruht auf dem Meer. Da kommt ein wilder Wind daher.
Pusten und die Hände wellenförmig bewegen.	Er bläst das Schiff von diesem Ort, er bläst und bringt es ganz weit fort.
Mit den Händen wellenförmige Bewegungen machen.	Das kleine Schiff, es fährt und denkt: „Wohin mich dieser Wind wohl lenkt?“ Es ist allein und ruft: „Oh Graus, ja, hoffentlich find ich nach Haus.“
Wellenförmige Bewegungen machen.	Das Schiff treibt auf dem großen Meer, es ruft: „Herr Wind, ach, bitte sehr,
Pusten und Wellenbewegungen machen.	bringt mich nach Haus, ich fürcht mich sehr, bring mich zurück, ich mag nicht mehr.“
Hände bewegen sich ruhiger.	Der Wind, er bläst das Schiff nach Haus, die Meerrundfahrt, die ist nun aus. Das Segelschiff sagt: „Dankeschön“, nun kann der Wind nach Hause gehn.
Hände stillhalten.	Das Segelschiff ruht auf dem Meer, denkt an den Wind und freut sich sehr. Denn morgen, da kommt ganz bestimmt zu ihm zurück der wilde Wind.

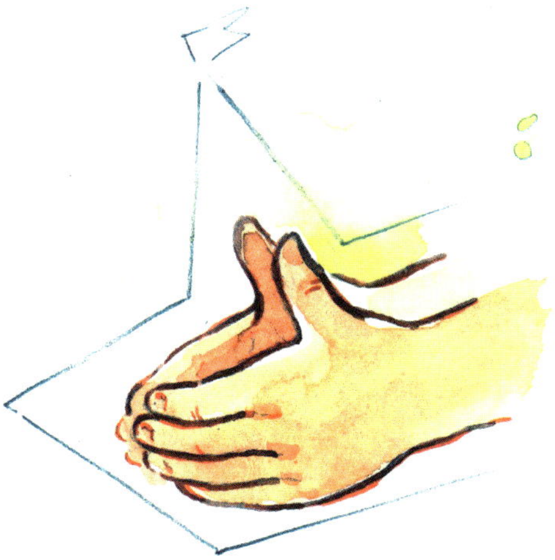

Der Wind, er bläst, so fest er kann

Pantomime

Pusten.

Hände und Arme hängen lassen und schüteln oder hin- und herbewegen.
Arme auf und ab bewegen.

Der Wind, er bläst, so fest er kann,

die Wäsche fängt zu flattern an.

Sie flattert lustig auf und ab,

ach, lieber Wind, mach bloß nicht schlapp.

Pusten.

Der Wind, er bläst, so fest er kann,

Rechten und linken Arm kreisförmig über den Kopf drehen.

das Mühlrad fängt zu drehen an.

Arme seitlich ausstrecken und kreisförmige Bewegungen machen.

Die Flügel drehen sich geschwind,
sie mögen diesen starken Wind.

Pusten.

Der Wind, er bläst, so fest er kann,

Arme seitlich ausbreiten, auf und ab bewegen und eventuell durch den Raum gehen.

der Vogel fängt zu fliegen an.

Arme ausbreiten und stillhalten.

Er hält die Flügel ganz, ganz still,

Mit den ruhig ausgebreiteten Armen durch den Raum gehen und zum Platz zurückkehren.

weil er im Wind nun schweben will.

Herr Pustewind

Material:

Dinge, die Windgeräusche erzeugen (z.B. der Deckel eines Flötkessels), Plastikschläuche in verschiedenen Stärken und Längen, Butterbrotpapier, Flaschen, ein Aufnahmegerät (z.B. Kassettenrekorder), mit dem diese Geschichte aufgenommen werden kann, für jedes Kind ein Sitzkissen, zwei Tücher

Vorbereitung:

Die genannten Gegenstände werden in die Mitte des Raumes auf ein Tuch gelegt und mit dem zweiten Tuch abgedeckt. Für jedes Kind wird ein Sitzkissen bereitgelegt.

Die Kinder setzen sich auf die Sitzkissen und versuchen, das folgende Rätsel zu lösen.

Er pfeift und heult, er ist sehr stark,
reißt alles um, was er nicht mag.
Doch manchmal bläst er auch ganz sacht,
was allen Menschen Freude macht.
Er streichelt dich, zerzaust dein Haar,
die Kühle, sie ist wunderbar.
(Wind)

Experimentierphase:

Nachdem die Kinder das Rätsel gelöst haben, können sie mit den bereitgestellten Materialien Windgeräusche erzeugen.

Im watteweichen Wolkenhaus wohnt Herr Pustewind. Er saust täglich auf der Wolkenstraße hin und her und schaut auf der Erde nach dem Rechten. Herr Pustewind ist ein lustiger Geselle und macht den ganzen Tag nur das, was er will. Er bringt dabei die Menschen auf der Erde oft durcheinander, denn durch seine ständig wechselnden Windspielereien weiß niemand so genau, was im nächsten Augenblick, in der nächsten Stunde, in der Nacht oder am Tag geschehen wird.
Aber gerade das gefällt dem Pustewind. Niemand auf der Erde soll schon vorher wissen, was er im nächsten Augenblick machen will. Oft säuselt er still und leise vor sich hin und streichelt dabei sanft alles, was ihm in den Weg kommt. Er berührt die Pflanzen, die Tiere und die Menschen, die das als sehr angenehm empfinden. Aber im nächsten Augenblick heult er auf und pustet auf der Erde alles durcheinander. Blätter wirbeln herum, Hüte fliegen durch die Luft und die Wäsche flattert. Ein anderes Mal pfeift er durch alle Ritzen und reißt um, was nicht befestigt ist oder sich selbst halten kann. Dann gibt es Augenblicke, da stöhnt und ächzt er so laut, dass die Menschen und Tiere in ihre Häuser und Stallungen flüchten. Aber meistens ist Herr Pustewind ganz zärtlich und tanzt vergnügt und beschwingt in der Welt hin und her, so dass die Blätter in den Bäumen ein leises Windlied singen. Manchmal ist es auch windstill. Dann können die Menschen sich in Ruhe auf die Wiese legen und sich sonnen, oder im Park spazieren gehen, in Straßencafés sitzen oder im Garten arbeiten. Wenn es den Menschen zu heiß wird, dann schickt Herr Pustewind ihnen eine kleine Abkühlung, über die sich alle freuen. Aber am liebsten schaut er spielenden Kindern zu. Manchmal schickt er ihnen eine kräftige Brise. Dann lassen sie ihre Drachen und Windvögel steigen oder sie spielen mit ihren Windrädern. Darüber ist er sehr glücklich, bläst dann noch einmal ganz kräftig und ist froh, Herr Pustewind zu sein.

Auswertung:

Mit den oben angegebenen Materialien wird die Geschichte von den Kindern mit Windgeräuschen untermalt und mit dem Kassettenrekorder aufgenommen. Anschließend können die Kinder ihre eigene Windgeschichte hören.

Auf dem Feld hinter der Wiese

Material: Schnur, ein weißes Tuch, Wäscheklammern, ein großer Strahler, ein Föhn, viele Dosen, Holzstäbe, für jedes Kind eine Sitzmatte

Raumvorbereitung: Die Sitzmatten werden in einer Ecke des Raumes zu einem Kreis zusammengelegt. Die Schnur wird gespannt, das Tuch wird daran aufgehängt und der Raum wird verdunkelt. Die Dosen liegen griffbereit.

Einstieg: Die Kinder sitzen im Kreis. Die Erzieherin stellt das folgende Rätsel.

Was ist das?
Er saust und braust um viele Ecken,
er kommt und will die Menschen wecken.
Er heult und reißt auch Bäume um
und nur ganz selten ist er stumm.
(Wind)

Experimentierphase: In einem Gespräch können die Kinder von Winderlebnissen berichten. Die Materialien wie die Dosen und der Föhn werden geholt. Damit können die Kinder Windexperimente machen.

Ablauf: Danach wird die Geschichte erzählt und mit den angegebenen Geräuschen und Gesten als Schattenspiel dargestellt. Hierzu stellt sich ein Kind hinter ein aufgespanntes Leintuch und wird dabei von einem Strahler so beleuchtet, dass sein Schatten auf ein Leintuch fällt.

Auf dem Feld hinter der Wiese

Ein Kind stellt sich mit ausgebreiteten Armen vor das Tuch. Mit einem Föhn Wind erzeugen.	Auf dem Feld hinter der Wiese steht still die Vogelscheuche Liese. Der Wind saust auf die Liese zu, vorbei ist es nun mit der Ruh.
An die Dosen schlagen und mit dem Föhn Wind erzeugen.	Der Wind, er zupft an Hemd und Hose, es klappert laut und schrill die Dose.
Föhn in Richtung Haare halten. Das Kind bewegt die Arme.	Der Wind, er bläst, ihr Haar das weht, die Liese nicht mehr stille steht.
Das Kind zappelt mit dem Körper. Dabei werden die Dosen geschlagen.	Sie tanzt ganz wild nun mit dem Wind, das Klappern hört ein jedes Kind.
Den Föhn in Richtung Haare halten.	Die Haare flattern kreuz und quer, den Wind, den mag die Liese sehr.
Föhn schwach stellen.	Ganz langsam zieht der Wind nun fort, er sucht sich einen neuen Ort.
Der Wind ist nicht mehr zu hören. Das Kind steht still.	Auf dem Feld hinter der Wiese, steht still die Vogelscheuche Liese.

Das Segelschiff

Material: mehrere DIN A4-Blätter

Ablauf: Die Kinder sitzen mit der Erzieherin an einem Tisch. Vor der Erzieherin liegt ein weißes DIN A4-Blatt. Während sie die folgende Geschichte erzählt, faltet sie das Blatt und stellt die entsprechenden Bewegungen dar.

Das Segelschiff

Es war einmal ein Blatt Papier,
du siehst es ja, denn es liegt hier.

Hut falten.

Ich falte nun mit etwas Mut
einen kleinen, spitzen Hut.

Hut auf den Kopf setzen.

Ja, der Hut, er ist sehr schön,
den kannst du auf dem Kopf nun sehn.

Pantomimisch darstellen.

Ich schaue in den Spiegel rein,
ich finde diesen Hut sehr fein.

Nun schaut euch bitte einmal an,
was aus dem Hut nun werden kann.

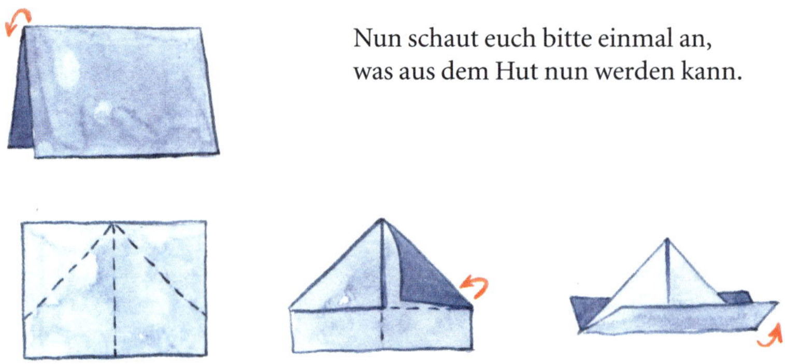

Schiff falten. Das Schiff in der Hand halten.	Ich falt ein Schiff, schau ganz gut hin, denn mit Geschick und Salabim ist das Segelschiff bereit für eine Reise nun zu zweit.
Wellenbewegungen mit dem Schiff machen. Pusten.	In dieses Schiff, da steig ich ein und segle in die Welt hinein. Der Wind, er bläst das Schiffchen fort an einen unbekannten Ort.
Kräftig pusten. Das Schiff schnell hin- und herbewegen. Sehr große Wellenbewegungen machen.	Der Wind bläst nun, so fest er kann, das Schiffchen fängt zu schwanken an. Hohe Wellen wie ein Turm, das Schiff, es schaukelt stark im Sturm.
Mit den Füßen auf die Erde trampeln. Das Schiff hin- und herbewegen. Pantomimisch darstellen.	Der Regen prasselt auf das Meer, das kleine Schiff, es schwankt gar sehr. Doch auf einmal, ach, wie dumm, stürzt das Segelschiff dann um.
Das Schiff zerreißen und auf den Boden fallen lassen. Schwimmbewegungen machen. Gähnen.	Es zerbricht, sinkt auf den Grund, ich schwimme mehr als eine Stund. Ganz nass und müd komm ich nach Haus, und nun ist die Geschichte aus.
Abschluss:	Die Kinder bekommen ebenfalls ein DIN A4-Blatt, falten es und spielen die Geschichte gemeinsam mit der Erzieherin.

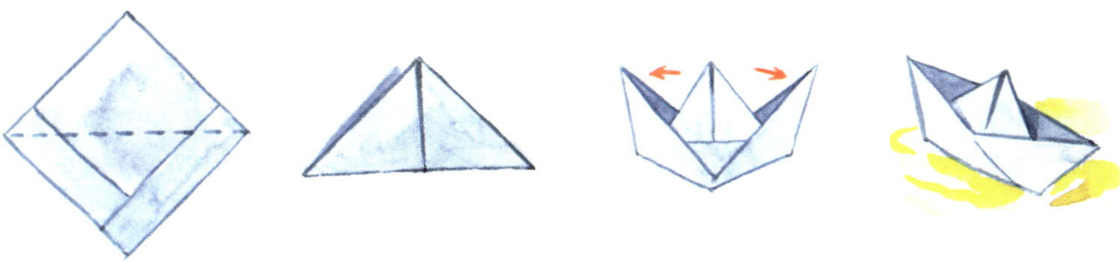

Experimente mit Luft und Wind

Material:

Zentimetermaß, Tisch, Wattebällchen, Wasserfarbe, Pergamentpapier, Wasser, Strohhalme, Papier, Luftballons, Kopfkissenbezüge, eine Waage, unterschiedliche Flaschen, Wasser, Luftpumpe, Blasebalg, Föhn, Fächer, Blätter oder Papierschnipsel, Bilder vom Sturm, Gürtel, Plastikschlauch, lange Stoffstreifen, Dinge zum Riechen, Faltblätter, dünne Stäbe, Klebstoff, Schere, Perlen, Nagel, Hammer, ein großer Weidenkorb, ein Abdecktuch, für jedes Kind ein Sitzkissen

Raumvorbereitung:

Die Sitzmatten werden in Kreisform gelegt. Der Weidenkorb mit dem Material steht griffbereit.

Einstieg:

Die Erzieherin stellt folgendes Rätsel:

Er ist mal laut und auch mal leise,
er macht ständig eine Reise.
Du spürst ihn, hörst ihn, kannst ihn sehen,
doch niemals kannst du mit ihm gehen.
(Wind)

Was gehört zum Wind?

Die Kinder werden nun durch Wortspiele und Assoziationen für die Thematik motiviert.

1. Sie sollen Wörter nennen, in denen das Wort Wind enthalten ist, z. B. Windmühle, Windrad, Windbeutel, Windböe, Windhund usw.
2. Sie sollen Dinge nennen, die im Zusammenhang mit dem Wind stehen, z. B. Drachen, Segelschiff, Segelflugzeug, Heißluftballon.
3. Sie sollen ihnen bekannte Erscheinungsformen des Windes nennen, z. B. Böen, Sturm, Wirbelsturm, Orkan.
4. Sie sollen Auswirkungen des Windes nennen, die sie kennen, z. B. dass er die Samen des Löwenzahns verteilt, die Wäsche flattern lässt, leere Papiertüten über die Straße treibt usw.

Experimentierphase:

Die Erzieherin verteilt das Pergamentpapier. Die Kinder können damit in einer kurzen Experimentierphase Windgeräusche erzeugen.
Danach werden gezielte Experimente mit dem vorhandenen Material durchgeführt.

Wind kann man messen

Ein Zentimetermaß wird auf einen Tisch gelegt. An die Kante des Tisches legt man ein Wattebällchen. Nun holt man ganz tief Luft und pustet lange aus. Dadurch wird das Wattebällchen über den Tisch geweht. Hat man ausgepustet, wird die Strecke gemessen, die das Wattebällchen zurückgelegt hat.

Variation:

Bunte Tropfen aus Wasserfarbe und Wasser werden mit dem Strohhalm über ein Blatt gepustet.

Wind kann man wiegen

Gemeinsam wird eine bestimmte Anzahl von Luftballons aufgeblasen, in ein Kopfkissen gelegt und auf einer Waage gewogen. Das Gewicht wird mit dem Gewicht von leeren Luftballons und dem Kopfkissen verglichen. So kann man erkennen, wie viel Luft wiegt.

Anmerkung:

Die Waage sollte eine feine Skaleneinteilung haben, so dass man den geringen Gewichtsunterschied sehen kann.

Wind kann man selbst machen

Mit einem Fächer, einer Luftpumpe und vielen Dingen mehr kann Wind erzeugt werden. Schon beim schnellen Wedeln mit der Hand spürt man ein kleines Lüftchen, mit einem Blatt Papier geht es noch besser. Auch beim schnellen Laufen entsteht Wind, einerseits als Gegenwind, der dem Läufer die Haare nach hinten bläst, andererseits Wind, den die anderen spüren, an denen der Läufer vorbeiläuft.

Wind kann man sehen

Mit einem Blasebalg, einer Luftpumpe oder mit den Mund werden auf Kommando von allen Kindern Blätter durch die Luft gewirbelt.

Windspiel im Freien:

Stoffstreifen und andere leichte Dinge, die vom Wind bewegt werden können, werden an einer Schnur aufgehängt. Die Schnur wird zwischen zwei Bäumen befestigt und so kann man bei jedem Wind die Teile an dieser Flatterschnur tanzen und im Wind flattern sehen.

Ergänzung:

Bilder vom Sturm und seinen Verwüstungen können gezeigt werden.

Wind kann tragen

Papierschnipsel werden in die Luft geworfen. Dabei wird beobachtet, wie der Wind oder die Luft die Schnipsel trägt und sie langsam zu Boden gleiten lässt.

Windspiel im Freien:

Bei schönem Wetter können im Freien verschiedene Blätter gesammelt und nacheinander fallen gelassen werden, welche von ihnen fallen schneller zu Boden, welche trägt der Wind besser?

Wind kann man hören

Die Kinder erzeugen Windgeräusche mit einem Plastikschlauch, einem Stück Stoff, einem Gürtel oder anderen Gegenständen, die schnell gedreht werden. (Vorsicht, dabei besteht Verletzungsgefahr!)

Alles, was klingt, wird an ein Band gehängt und zwischen zwei Bäumen befestigt. Bei jedem Windstoß entstehen so Windgeräusche.

Verschieden große Flaschen werden mit unterschiedlich viel Wasser aufgefüllt. Die Kinder versuchen nun, so an den Flaschenrand zu pusten, dass ein Ton entsteht. Wie klingt Wind an den einzelnen Flaschen?

Wind kann man spüren

Man spürt den Wind auf der Haut, wenn er stark genug ist, sogar durch die Kleidungsstücke hindurch. Wenn man den Finger befeuchtet und in die Luft streckt, wird durch die Verdunstung die Seite des Fingers kalt, auf die der Wind auftrifft. So kann man auch die Windrichtung feststellen.

Wind kann warm oder kalt sein

Ein Föhn kann Luft vor dem Ausstoßen erhitzen, so dass man beim Haareföhnen nicht friert. Heiße Wüstenwinde aus Afrika können das Meer überqueren und – etwas abgekühlt durch die lange Reise – im Sommer bis in unsere Breiten vordringen.

Wind treibt an

Aus einem Faltblatt wird ein Windrad gebastelt (siehe Illustration unten). Dieses wird an einem dünnen Holzstab befestigt und zwar so, dass es sich drehen kann. Nun wird mit einem Föhn Wind erzeugt. Das Windrad dreht sich im warmen Luftstrom.

Wind kann man riechen

Der Wind treibt uns die Düfte in die Nase. Ohne Wind bzw. Luft könnten wir nichts riechen.
Verschiedene, stark duftende Gegenstände wie ein Stück Seife, etwas Essig o. ä. werden bereit gestellt. Mit verbundenen Augen müssen die Kinder nun den Duft erraten. Leichtes Pusten hilft dabei: Die Luft trägt die Aromastoffe zu den Riechzellen in der Nase.

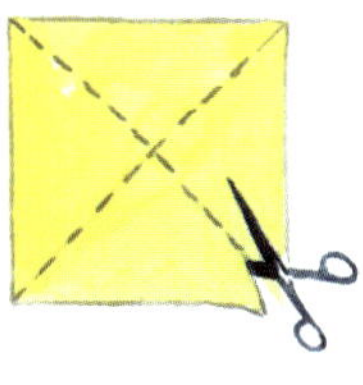

König Klirr und seine seltsame Freundschaft

Weit, ganz weit von hier, in einem Land, in dem es nur Eis, Schnee, Frost und klirrende Kälte gibt, lebt in einem Schloss aus Eis der König Klirr. Er ist schon uralt und sein weißer Bart und seine weißen Haare sind hart gefroren. Nicht nur das Schloss ist aus Eis, sondern auch die Schränke, die Stühle, die Tische, das königliche Bett und der Thron. Der königliche Mantel ist wie die Mäntel aller Könige aus wunderschönem rotem Samt. Doch auch er ist hart und kalt. Vor vielen Jahren hat sein Volk das Eisland verlassen, da es ihnen zu kalt war, und seitdem lebt der Eiskönig hier ganz allein. Nur Frosti, sein Hund, ist bei ihm geblieben. Auch sein Fell ist grau und steif gefroren. An manchen Tagen macht dem König das Alleinsein gar nichts aus. Dann spaziert er stundenlang über seine zugefrorenen Seen, hält sich in den Wäldern aus Eistannen auf oder fährt mit seinem großen Schlitten durch sein Eisland und bewundert seine eisige, versteinerte Landschaft. Aber es gibt auch Tage, da macht ihm das alles so ganz allein doch keinen Spaß. Dann sitzt König Klirr traurig auf seinem Thron aus Eis und denkt an die Zeit, als sein Volk noch um ihn herum war.

Eines Tages, als er mal wieder über seine zugefrorenen Seen spaziert, hört König Klirr plötzlich von weitem ein jämmerliches Klagen. Er bleibt stehen, schaut sich um und sieht plötzlich direkt vor seinen Füßen eine große Pfütze. Er bückt sich und spürt warmes Wasser. Von der Pfütze weg führt eine Wasserspur. Mit Schrecken sieht König Klirr, wie das Eis auf dem See anfängt zu schmelzen. „O je", denkt er, „hier ist etwas Schreckliches passiert." Er geht der Wasserspur nach und steht schon kurz darauf vor einem weinenden, kleinen, goldglänzenden Wesen. „Wer bist du und wo bin ich?", fragt es leise und erschrocken den König. „Um mich herum ist alles so schrecklich kalt." „Du bist im Eisland und ich bin König Klirr", antwortet er freundlich. „Und wer bist du?", fragt König Klirr das fremde Wesen. „Ich bin ein Sonnenstrahlenkind und habe mich verirrt", antwortet es weinend. König Klirr wird neugierig, setzt sich zu ihm und fragt. „Woher kommst du denn?" „Ich werde dir alles erzählen und auch erklären", sagt zitternd und mit weinerlicher Stimme das Sonnenstrahlenkind. „Aber bring mich bitte zuerst an einen warmen Ort. Hier erfriere ich." „Das geht nicht", antwortet König Klirr. „Hier im Eisland ist es überall kalt." Doch er nimmt das Sonnenstrahlenkind in seine Hand und geht mit ihm zu dem Eistannenwald.

Dort setzt er sich unter eine Eistanne, die auf einer Eiswiese steht. Ganz aufgeregt beginnt das Sonnenstrahlenkind zu erzählen. „Ich wohne mit meiner Mutter, der Sonne, und mit vielen, vielen anderen Sonnenstrahlengeschwistern im wunderschönen Sonnenland. Dort ist es herrlich warm. Die Seen sind voll mit warmem Wasser und die Wiesen sind grün. Auf ihnen wachsen bunte Blumen und in den Wäldern stehen grüne Tannen. Mit Wolkenschiffen segeln wir vom frühen Morgen bis zum späten Abend am Himmel herum und verteilen dabei unsere Wärme. Darum ist es in unserem Sonnenland so warm, so bunt und so wunderschön.“ König Klirr hört während der ganzen Zeit mit geschlossenen Augen zu und kann sich das Sonnenland gut vorstellen. Er glaubt sogar, die Wärme zu spüren. Als er seine Augen öffnet und das Sonnenstrahlenkind anschaut, fragt er: „Und wie bist du nun hierher in mein Eisland gekommen?“ „Das kam so“, erzählt das Sonnenstrahlenkind weiter. „Als wir gestern wieder mit dem Wolkenschiff am Himmel umhergezogen sind, habe ich mich, da ich ein etwas neugieriges Sonnenstrahlenkind bin, etwas zu weit aus dem Schiff gelehnt und bin dann herausgefallen. Meine Geschwister und meine Mutter konnten mich nicht mehr festhalten. Ich bin so lange im Sturzflug nach unten gepurzelt, bis ich hier bei dir im Eisland gelandet bin. Ach, wenn es doch nur bei dir ein bisschen wärmer, ein bisschen grüner und ein bisschen bunter wäre, dann würde ich gerne bei dir bleiben, denn du bist sehr nett“, sagt mit leiser Stimme das Sonnenstrahlenkind. Über diese Worte freut sich der Eiskönig. „Wenn das Sonnenstrahlenkind hier bleiben würde“, denkt er, „dann wäre ich nicht mehr allein. Aber leider ist es ihm ja hier viel zu kalt.“ Gerade, als er das denkt, spürt er eine wohltuende Wärme in seiner Hand. Er schaut hin und stellt fest, dass seine Hand nicht mehr eisig gefroren, sondern weich und warm ist. Aber nicht nur das. Um ihn herum, dort, wo die warmen Strahlen des Sonnenstrahlenkindes hingelangt sind, ist die Erde weich, die Wiese grün, sogar die Eistannen sind grün und es stehen bunte Blumen auf der Wiese. Der König staunt und sagt: „Es ist hier jetzt genau so, wie du es mir beschrieben hast.“ Auf einmal hat er eine Idee und sagt: „Vielleicht ist dieses Stückchen Erde in meinem Eisland ja genau richtig für dich. Wenn du willst, kannst du hier wohnen. Mein Eisland dort drüben ist noch längst groß genug für mich." Das Sonnenstrahlenkind strahlt mit einem Male noch viel wärmer und macht den langen Bart des Königs sogar weich. „Ich möchte gerne bei dir bleiben", sagt es, „dann gibt es in deinem Eisland ein ganz kleines Sonnenland und wir können uns jeden Tag genau hier an der Grenze treffen. Ich erzähle dir dann noch viel mehr über das Sonnenland." „Und ich dir von meinem Eisland", sagt der König. Die beiden beschließen Freunde zu werden. „Doch jetzt muss ich gehen, sonst schmelze ich noch ganz", sagt König Klirr lächelnd. Bevor er geht, schenkt das Sonnenstrahlenkind ihm eine kleine, bunte Blume. Der König nimmt sie in seine Hand und geht. Unterwegs schaut er sich noch ganz oft um. Je tiefer König Klirr wieder in sein Eisland kommt, umso kälter wird es. Im Nu ist sein Bart wieder gefroren und seine Hand eiskalt. Als er an seinem Schloss ankommt, steht wie immer Frosti vor dem Tor. Gemeinsam gehen sie ins Schloss. An diesem Abend sitzt König Klirr noch lange mit Frosti zusammen und erzählt ihm von seiner Begegnung mit dem Sonnenstrahlenkind. Als er seine Hand öffnet und Frosti die Blume zeigen will, traut er seinen Augen nicht. Er hat eine Eisblume in der Hand. König Klirr lächelt, sagt aber nichts. Müde, doch sehr glücklich legt er sich schlafen, und von nun an gibt es in seinem großen Eisland noch ein ganz kleines Sonnenland und eine ganz besondere Freundschaft.

Kreativer Abschluss:

Jedes Kind bekommt ein vorbereitetes Papiertaschentuch, das zu einer Ziehharmonika zusammengefaltet und in der Mitte mit Nähgarn fest zusammengebunden wurde. Vorsichtig können die Kinder nun die einzelnen Schichten des Taschentuches hochziehen und es entsteht eine Eisblume.

Die Eisbären Bim und Bam

Zum Einstieg stellt die Erzieherin das folgende Rätsel:

Sein Fell ist dick und ganz schneeweiß,
in seinem Land, da gibt's nur Eis.
Dort tapst er durch den tiefen Schnee,
gefroren ist hier jeder See.
Er frisst Fische jeden Tag,
weil er sie so gerne mag.
Sag mir ganz schnell, wenn du es weißt,
wie dieses große Tier wohl heißt.

Wenn die Kinder „Eisbär" erraten haben, liest die Erzieherin die folgende Geschichte vor. Danach werden die Kinder in zwei Gruppen aufgeteilt. Die eine Gruppe spielt den Eisbären Bim und die andere den Eisbären Bam. Kommt in der Geschichte das Wort Bim vor, dann stampfen die Kinder mit ihren Füßen auf den Boden (oder stehen auf). Wenn das Wort Bam kommt, dann stampft die andere Gruppe auf den Boden (oder steht auf).

In einem Zoo leben schon seit vielen Jahren zwei alte, dicke und sehr bequeme Eisbären. Sie heißen Bim und Bam. Dort, wo die zwei früher lebten, ist immer Winter. Doch hier, wo sie jetzt leben, ist es mal warm und mal kalt. Immer wenn die Sonne sie ärgert und ihr weißes Fell ganz warm macht, sind Bim und Bam sehr schlecht gelaunt und unendlich faul. Tagelang verkriechen sie sich in ihrer Bärenhöhle und lassen sich nicht blicken. Doch sobald der Frost mit Eis, Schnee und Kälte Einzug hält, sind Bim und Bam wie verwandelt. Sie tollen vergnügt in ihrem Gehege herum, klettern, balancieren und benehmen sich wie zwei ganz junge Eisbärenkinder.
Mit festem Schritt tapsen sie durch den frischen Schnee, und wenn der eiskalte Wind durch ihr weißes Fell weht, fühlen Bam und Bim sich pudelwohl und kullern so lange im

Schnee herum, bis ihr Fell pitschnass ist. Dann stellen sie sich hin, machen sich groß und schütteln sich so lange, bis ihr Fell wieder trocken ist. Bim und Bam genießen jeden eiskalten Tag. Wenn der Frost den kleinen See in ihrem Gehege zugefroren hat, sind sie nicht mehr zu halten, und sie rutschen stundenlang auf dem See herum. Leicht wie eine Feder gleiten Bam und Bim mit ihrem ganzen Körper über das Eis. Weil sie sich dabei so wohl fühlen, brummen sie so laut vor sich hin, dass es im ganzen Zoo zu hören ist. Oft kommen Bim und Bam den Tag über nicht zur Ruhe, so sehr sind sie damit beschäftigt, die kalten Tage mit lustigen Spielen zu verbringen. Erst wenn es stockdunkel ist, gehen Bam und Bim in ihre Höhle. Aber auch dort können sie oft nicht schlafen. Sie liegen am Höhleneingang, strecken ihre Schnauzen nach draußen und schauen noch so lange den Schneeflocken zu, bis ihre Augen von alleine zufallen.

Körperspiel: Die Kinder setzen oder stellen sich paarweise zusammen. Ein Kind spielt bei dem anderen Kind die Geschichte mit den Händen oder zwei Tennisbällen gefühlvoll auf dem Rücken nach.

Klangspiel: Diese Geschichte kann mit klirrenden Gegenständen, wie z. B. Löffel, Alufolie oder Blechdosen, verklanglicht werden.

Schneemann sucht Schneefrau

Material:

weißes, gelbes, schwarzes, rotes, grünes und braunes Tonpapier, Scheren, Klebstoff, Buntstifte, ein Seil, ein Betttuch, Wäscheklammern, ein CD-Spieler mit leichter Tanzmusik, eine Lampe, dünne Bambusstäbe (ca. 30 cm lang), Klebefilm, weißes Krepppapier

Einstieg:

Das Material liegt griffbereit und die Erzieherin malt auf den Rücken eines Kindes einen Schneemann. Das Kind versucht, das Motiv zu erraten und die Lösung zu sagen. Danach kann jedes Kind bei einem Partner versuchen, einen Schneemann auf den Rücken zu malen. Nun erzählt die Erzieherin die Schneemanngeschichte.

Eis und Schnee kommen ganz leise,
der Winter, der macht seine Reise.
Am nächsten Morgen, ach wie schön,
kann man einen Schneemann sehn.
Festgefroren und allein
schaut er in die Welt hinein.
Muss immer nur im Garten stehn,
kann keinen Schritt nach vorne gehn.
Ja, er weiß es ganz genau,
er braucht dringend eine Frau.

Eines Morgens um halb acht,
als der Schneemann aufgewacht,
ist er nicht mehr ganz allein,
sie stehen in dem Schnee zu zwei'n.
Eine Schneefrau schaut ihn dann
lächelnd und ganz freundlich an.
Festgefroren und zu zwei'n,
schau'n sie in die Welt hinein.
Der Schneemann weiß es nun genau,
endlich hat er eine Frau.

Froh gelaunt kann man nun sehn,
Schneefrau und -mann im Garten stehn.
Am Tag, da schauen sie in Ruh
den Kindern gern beim Spielen zu.
Doch nachts tanzen im Mondenschein
Schneemann und -frau dann ganz allein.

Pause mit Musik.

Endlich wird ein Märchen wahr,
Schneefrau und -mann sind jetzt ein Paar.
Und nach Tagen kann man sehn,
Schneekinder in dem Garten stehn.

Nun wissen beide es genau,
sie sind nicht nur Mann und Frau,
sie haben Kinder, groß und klein,
sie sind jetzt nicht mehr ganz allein.
Den langen Winter stehn sie hier,
zusammen, ja, da sind es vier.
Kommt dann die Sonne, ach, o Schreck,
taut die Familie sehr schnell weg.
Doch bestimmt im nächsten Jahr
sind Frau und Mann dann wieder da.

Abschluss:

Die Erzieherin bastelt mit den Kindern zwei große und zwei kleine Schneemänner aus Papier, die jeweils an einem Bambusstab befestigt werden. Sie stellen in der Geschichte Schneefrau, Schneemann und die beiden Schneekinder dar. Aus buntem Papier werden die Sonne und die zwei spielenden Kinder gebastelt und auch an einem Stab befestigt. Aus weißem Krepppapier formen die Kinder zum Schluss kleine Schneekugeln. Die Erzieherin spannt das Seil, befestigt mit den Wäscheklammern das Tuch, stellt die Lampe auf und den CD-Spieler mit der Tanzmusik bereit. Nun wird das Stück eingeübt und in wechselnder Besetzung den restlichen Kindern aus der Gruppe noch einmal vorgespielt.

Schneeflocken

Finger zeigen.	Kommt und seht euch einmal an, was aus den Fingern werden kann.
Mit den Fingern in der Luft zappeln.	Als Schneeflocken treiben sie hin und her, das Tanzen ist für sie nicht schwer.
Hände auf die Oberschenkel legen.	Decken die grüne Erde zu und alles legt sich nun zur Ruh.
Mit beiden Händen eine geschlossene Schale bilden.	Die Blumen liegen da und träumen von Sonne und ganz grünen Bäumen.
Mittel- und Ringfinger auf den Daumen legen, den Zeige- und kleinen Finger hoch halten.	Das Kaninchen ruht im Bau, der Winter, der ist kalt und rau.
Mit den Armen Flugbewegungen machen.	Die Vögel, die sind alle fort, sie sind an einem warmen Ort.
Eine Hand locker auf den Oberschenkel legen und die Finger der anderen Hand krabbeln unter die Hand.	Die Käfer krabbeln unters Blatt, sind von der Kälte ganz schön matt.

Mit den Händen eine Sonne in die Luft malen.

Die Erde ruht, doch dann, o Schreck,
schmilzt in der Sonne alles weg.

Mit den Fingern fließende Bewegungen machen.

Das Wasser fließt in einen Fluss,
mit der Kälte ist jetzt Schluss.

Hinweis:

Dieses Fingerspiel kann auch als Körperspiel umgesetzt werden. Die Kinder werden dazu in Zweiergruppen eingeteilt und ein Kind führt mit den Fingern auf dem Rücken des anderen Kindes die Bewegungen aus.

Schnuckel sucht ein warmes Plätzchen

Vorbereitung:

Mit den Kindern wird ein Spaziergang durch den ganzen Kindergarten gemacht. Dabei sollen sie Dinge sammeln, mit denen Geräusche erzeugt werden können: Topfdeckel, Löffel, Steine, Holzlöffel, Pergamentpapier, Alufolie, Dosen, Kronkorken usw. Ihrer Fantasie sind dabei keine Grenzen gesetzt. Die Sachen werden in einen großen Korb gelegt und mit in den Kreis genommen.

Material:

Schuhkarton, Stoffkatze, Tuch, das gesammelte Klangmaterial in einem großen Korb

Einstieg:

Die Kinder versammeln sich im Kreis. In der Kreismitte steht ein Schuhkarton, in dem eine Stoffkatze liegt. Der Karton ist mit einem Tuch zugedeckt. Nachdem die Kinder den Kartoninhalt erfühlt haben und diese Katze als „Schnuckel“ vorgestellt wurde, erzählt die Erzieherin die folgende Geschichte.

Schnuckel, eine liebenswerte, kleine Katze, mag es, den lieben langen Tag herumzustrolchen, denn dabei kann sie aufregende Dinge erleben.
Schon sehr früh morgens schleicht sie über Wiesen und Felder, flitzt dabei hin und wieder einer Maus nach, klettert wie ein Blitz die Bäume hinauf, balanciert über Zäune und Mauern oder macht mit anderen Katzen auf der Wiese einen Wettlauf. Manchmal liegt sie aber auch stundenlang still an einem ihrer Lieblingsplätze und schläft.
Schnuckel lebt bei einer sehr netten Familie, die gut für sie sorgt. Sie ist eine richtige Freilandkatze. Draußen hat sie viele versteckte Kuschelplätze, ist aber immer auf der Suche nach neuen Stellen, an denen sie träumen, die Gegend beobachten oder schlafen kann. Mal liegt sie unter der großen Birke und lauscht dem Gesang der Blätter, dann wieder versteckt sie sich im hohen Gras und hört dort den Gräsern zu oder sie liegt an einem kleinen Bach, der leise plätschert und Schnuckel viel erzählt.

Doch sobald es frostig wird, wenn kalte Winde über die Wiese fegen, wenn es draußen vor Kälte knackt und knistert und die ersten Schneeflocken das Grün der Wiesen zudecken, spätestens dann weiß Schnuckel, dass sie jetzt ein warmes Plätzchen braucht, wo sie den Winter verbringen kann. Das weiß auch die nette Familie, und wie jedes Jahr holt sie Schnuckel ins Haus. Dort haben sie ihr schon aus einem alten Karton und einer weichen Decke ein warmes Plätzchen gebaut. Schnuckel liegt hier den ganzen Tag, putzt sich, und wenn sie mal nicht schläft, dann schaut sie aus dem Fenster. Neugierig beobachtet sie die hin und her tanzenden Schneeflocken oder sieht, wie der Wind über die schneebedeckte Wiese fegt. Dann ist sie glücklich, so ein kuscheliges Plätzchen zu haben. Sehr zufrieden verbringt Schnuckel mit der Familie den kalten Winter im Haus. Gemeinsam sitzen sie Abend für Abend vor dem Kamin und beobachten das knisternde, knackende Kaminfeuer. „So lässt es sich aushalten", denkt Schnuckel und schließt zufrieden ihre Augen.

Abschluss:

Die Kinder können über ihre Lieblingsplätze berichten. Danach wird der Korb mit den Geräuschematerialien in die Mitte gestellt. Nach einer Experimentierphase werden die „Instrumente" zugeordnet und die Geschichte wird verklanglicht.

Der Frost, er zieht durchs ganze Land

Hinweis:

Jedes Kind bekommt ein Stück Alufolie in die Hand und kann zunächst leise die Geschichte damit begleiten. Die Alufolie wird für das anschließende Darstellungsspiel benötigt.

Der Frost, er zieht durchs ganze Land,
was er berührt mit seiner Hand,
das erfriert, wird schnell zu Eis,
verliert die Farbe und wird weiß,
erstarrt, rührt sich nicht mehr vom Fleck,
der Frost pustet die Wärme weg.

Der Frost, er bringt viel Not den Tieren,
die bei der Futtersuche frieren.
Andere schlafen fest im Haus
und gehen gar nicht mehr hinaus.
Sie träumen von dem Sonnenschein,
auf den sie sich schon wieder freun.

Der Frost, er klopft an alle Türen,
er lässt auch die Menschen frieren.
Sie gehen jetzt nicht aus dem Haus,
sie ruhn sich vor dem Ofen aus.
Sie träumen von dem Sonnenschein,
lassen den Frost gar nicht herein.

Die Tage kommen und sie gehen,
den kalten Frost, den kann man sehen.
Auf Bäumen, Brücken ist es weiß,
die Pfützen tragen dickes Eis.
Doch eines Tages, du wirst sehen,
muss auch der Frost dann wieder gehen.

Freu dich jetzt über Schnee und Eis,
freu dich, wenn unsere Welt ist weiß,
dann kannst du kuscheln und auch träumen
von Wärme und ganz grünen Bäumen.
Kommt dann die Sonne, Stund um Stund,
wird unsere Welt auch wieder bunt.

Der Frost geht um

Bei diesem Darstellungsspiel spielt ein Kind den Frost. Es wird mit Alufolie verkleidet. Einige Kinder stellen Blumen, Bäume, Häuser, die Tiere, die Menschen dar. Ein großer Karton dient als Ofen. Auf dem Fußboden liegen Pfützen aus Alufolie. Der Frost geht entsprechend dem Text umher und legt auf alles ein Stück Alufolie. Ein Kind spielt die Sonne. Es wird mit gelbem Krepppapier geschmückt und bekommt bunte Stoffstücke. Diese werden in der letzen Strophe gegen die Alufolie ausgetauscht.

Hinweis:

Alufolie ist mehrmals verwendbar und recyclebar.

Experimente und Kreativität

Material: pro Kind ein Glas, ein Papiertaschentuch und einen Eiswürfel

Einstieg: Alle sitzen im Kreis oder Halbkreis, die Erzieherin in der Mitte. Die Papiertaschentücher und Gläser stehen bereit, die Kinder können die Eiswürfel nicht sehen.
Die Erzieherin befragt die Kinder, welche Jahreszeit sie nicht mögen und weshalb. Danach geben sie Auskunft über ihre Lieblingsjahreszeit. Sie berichten, was sie an dieser Jahreszeit am schönsten finden und dann am liebsten machen.
Im Anschluss daran erzählt die Erzieherin die Geschichte von Ferdinand Frost als Hinführung zu den danach folgenden Spielen und Experimenten.

So wie vielen von euch geht es auch Ferdinand Frost. Auch er hat eine Jahreszeit, die er gar nicht mag. Es ist der Sommer. Da ist es ihm viel zu heiß. Ferdinand hält sich in dieser Jahreszeit nur ganz selten draußen auf, denn bei allem, was er macht, muss er fürchterlich schwitzen. Er wartet dann sehnsüchtig auf seine Lieblingsjahrezeit, die ihr jetzt erraten sollt.

Die Erzieherin gibt jedem Kind ein Papiertaschentuch. Dieses breiten sie auf ihrem Schoß aus. Die Erzieherin fordert sie auf, mit ihrer Hand eine Schale zu bilden und die Augen zu schließen. Nun legt sie jedem Kind einen Eiswürfel in die Hand.

Fühlt einmal und erratet nun Ferdinands Lieblingsjahreszeit. Wenn ihr sie wisst, dann öffnet die Augen, aber sagt noch nichts. Erst wenn alle Kinder die Augen geöffnet haben, rufen wir gemeinsam den Namen der Jahreszeit.

Jedes Kind bekommt ein Trinkglas. Die Kinder behalten den Eiswürfel, so lange sie können, in der Hand. Das Schmelzwasser wird vom Taschentuch aufgefangen. Wird ihnen die Hand zu kalt, legen sie den Eiswürfel in das Glas.

Nun wisst ihr, welches die Lieblingsjahreszeit von Ferdinand Frost ist. Es ist der Winter. Ferdinand mag seine Kälte, seinen Frost, seinen Schnee. Er mag zugefrorene Pfützen und Eiszapfen, die an den Häusern hängen. Ferdinand beobachtet gerne die tanzenden Schneeflocken, untersucht die Eiskristalle oder experimentiert mit dem Eis und bastelt viele schöne Dinge nach, die etwas mit seiner Lieblingsjahrezeit zu tun haben. Stundenlang kann sich Ferdinand mit dem Winter und seinen Schätzen beschäftigen. Es wird ihm niemals langweilig. Nur manchmal hat er doch gerne Kinder um sich, die auch mit ihm raten, spielen, basteln und experimentieren. Dann lädt er alle seine Freunde ein, und das sind ganz schön viele. Heute lädt er uns ein und wir wollen nun mit Ferdinand gemeinsam raten, spielen, basteln, experimentieren und die Schätze des Winters erforschen.
Die Kinder drücken das Wasser aus dem Papiertaschentuch in das Glas und betrachten gemeinsam, wie klein die Eiswürfel bereits geworden sind.

Experimente und Fragen

Die Erzieherin legt in die Kreismitte viele weiße Eiskristalle, die sie aus Papier geschnitten hat. Auf der Rückseite dieser Kristalle stehen Aufgaben, Experimente oder Anleitungen, die von den Kindern allein oder gemeinsam umgesetzt werden sollen. Grundlegende Fragen über Eis und Schnee werden gemeinsam mit der Erzieherin erarbeitet.

Warum schneit es?

Wolken enthalten nicht nur Wasserdampf, sondern auch kleine Staub- und Eisteilchen. Wenn es sehr kalt ist, friert der Wasserdampf, der diese Teilchen umgibt, an ihnen fest. Dadurch werden sie schwer und beginnen zu fallen. Wenn auf dem Weg zur Erde die Luft warm ist, schmelzen die Eisteilchen zu Wasser und gehen in Regen über. Ist die Luft kalt, fallen sie als Schnee zur Erde.

Warum sieht Schnee weiß aus?

Der Schnee wirft das Licht, das ihn trifft, in alle Richtungen gleichmäßig zurück. Darum sieht der Schnee weiß aus.
Leg ein weißes und ein schwarzes Blatt ins Sonnenlicht.
Das weiße Blatt wirft sein Licht zurück. Es blendet.
Bei dem schwarzen Blatt ist das nicht so, es „verschluckt" das Licht.

Wie sehen Schneeflocken aus?

Schneeflocken setzen sich aus wunderschönen, kleinen Eisteilchen zusammen, die Eiskristalle genannt werden. Es gibt viele verschiedene Formen bei diesen Kristallen. Welche Form so ein Kristall hat, hängt davon ab, wie kalt oder wie feucht die Luft ist, in der er sich gebildet hat. Wenn es kalt ist, sind die Schneeflocken (und die Kristalle, aus denen sie gebildet sind) meistens klein, wenn es wärmer ist, beginnen sie zu schmelzen, verkleben mit anderen Flocken und verlieren ihre schöne Form.

Kristalle unter der Lupe

Du benötigst ein schwarzes Stück Pappe. Wenn es schneit, legst du dieses Stück Pappe ins Freie. Dann ziehst du bitte Handschuhe an und besorgst dir ein kaltes Vergrößerungsglas. Betrachte nun durch das Vergrößerungsglas die auf das Papier fallenden Schneeflocken. Die Handschuhe benötigst du, damit die Schneeflocken nicht warm werden und schmelzen, wenn du ganz nah herangehst. Deswegen sollte auch das Vergrößerungsglas kalt sein.

Eiskristalle aus Papier

Material: einige verschieden große Kreisschablonen aus Pappe, für jedes Kind ein weißes Malblatt, einen Bleistift und eine Schere

Durchführung: Die Kinder bekommen ein weißes Blatt, eine Schere und einen Bleistift. Da es sehr schwer ist, frei Hand einen Kreis zu malen, bekommen sie Kreisschablonen in verschiedenen Größen. Die Schablonen werden aufs Blatt gelegt, mit dem Bleistift werden die Kreise gezogen und dann ausgeschnitten. Nun werden die Kreise zuerst zu einem Halbkreis, dann zu einem Viertelkreis und noch einmal zu einem Achtelkreis gefaltet. Mit einem Bleistift werden an allen Seiten Zacken aufgemalt und mit der Schere herausgeschnitten. Öffnet man den Kreis wieder, so entstehen wunderbare Eiskristalle aus Papier.

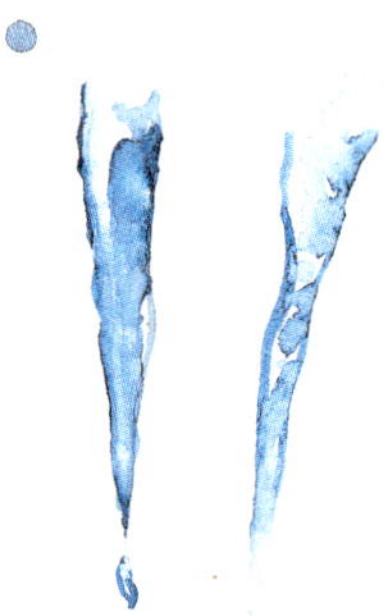

Wie entstehen Eiszapfen?

Im Haus ist es warm. Diese Wärme dringt bis ins Dach, auf dem Schnee liegt. Die unterste Schneeschicht schmilzt. Das Schmelzwasser gefriert durch die kalte Luft, und aus den Tropfen werden kleine Zapfen. Immer mehr Schmelzwasser fließt an den Zapfen herunter und gefriert wieder am Ende des Zapfens zu Eis. Daher werden die Eiszapfen immer länger und dicker.

Wasser und Eis

Material: Eiswürfel, Filzstifte, für jedes Kind ein Glas

An kalten Tagen frieren Pfützen, Teiche, Seen und manchmal sogar Flüsse zu. Wasser verwandelt sich dann zu Eis. Wenn es wärmer wird, schmilzt es wieder zu Wasser.

Durchführung: Jedes Kind bekommt für das folgende Experiment ein Glas. Dieses füllt es nach Belieben mit Eiswürfeln. Außen an das Glas zeichnet es mit Filzstift einen Strich auf, der anzeigen soll, wie viel Wasser sich beim Schmelzen aus dem Eis bilden könnte. Dann werden die Gläser ins Warme gestellt. Nach einigen Stunden, wenn das Eis geschmolzen ist, können die Kinder selbst feststellen, wie gut sie geschätzt haben.

Bunte Eisgemälde

Material: Wasserfarbe, leere Joghurtbecher, Förmchen, verschieden große Deckel von Gläsern und Flaschen, Glitzersterne, Perlen, Muscheln, schöne Fäden oder Schnüre, Nähgarn

Durchführung: In die Becher wird Wasser gefüllt und mit Wasserfarbe gefärbt. Das farbige Wasser wird dann in Förmchen und Deckel gegossen. Wer möchte, kann noch einen Schatz dazulegen, z. B. schöne Fäden oder Schnüre, eine Muschel, Perlen oder Glitzersterne. Zum Schluss wird das Ende eines längeren Stücks Nähgarn hineingelegt, bevor die Gefäße ins Eisfach zum Gefrieren kommen. Am nächsten Tag werden die Förmchen kurz in handwarmes Wasser getaucht, die Eisgemälde lösen sich heraus. An dem langen Stück Nähgarn können sie draußen an einen Baum oder Strauch festgebunden und je nach Wetterlage mehrere Tage betrachtet werden. Jedes Kind kann beobachten, was nun aus seinem Kunstgebilde wird, bis zum Schluss nur noch das Nähgarn am Baum hängt.

Trick: Wenn Eiswürfel mit Salz bestreut werden, dann kleben sie zusammen.

Lochtaler aus Eis

Material: für jedes Kind einen Strohhalm und einen Kunststoffteller

Durchführung: Fülle den Teller mit so viel klarem oder bunt gefärbtem Wasser, dass der Boden gut bedeckt ist, und stelle ihn ins Eisfach. Das Wasser gefriert im Eisschrank zu einer dünnen Eisplatte, die du mit etwas warmem Wasser aus dem Teller löst. Nun kannst du mit einem Strohhalm und deinem warmen Atem Löcher in die Eisscheibe pusten. Vorsicht!
Die Eisscheiben sind leicht zerbrechlich.

Weiße Männer ganz aus Schnee

Material: für jedes Kind ein Stück schwarze Pappe, einen weißen und bunte Malstifte

Einstieg: Die Erzieherin legt ein schwarzes Blatt in die Mitte, trägt den Ratevers vor und malt dabei den Schneemann.

Liegt vor dem Haus viel Eis und Schnee,
dann trink ich gern Kakao und Tee.
Ich hülle mich in Decken ein
und schau ins Feuer gern hinein.

Nun wird dem Text entsprechend gemalt. Zwei große Kreise malen. Darauf je einen kleinen Kreis malen.

Doch seh ich dann mal aus dem Fenster,
entdeck ich viele Schneegespenster.
Die haben einen dicken Bauch,
einen Kopf haben sie auch.

Die Kreise weiß ausmalen.

Beine, nein, die seh ich nicht,
weiß sind der Bauch und das Gesicht.
Sie stehen stumm, sind steif gefroren
und ich seh gar keine Ohren.

Was sind das doch für selt'ne Dinger
so ohne Arme und auch Finger?
Sie haben Nase, einen Mund,

In die kleinen Kreise einen lachenden Mund und eine Nase malen. Dazu die Augen malen.

die Augen, sie sind groß und rund.

Mit einem frohen, stummen Lachen,
wollen sie das Haus bewachen.
Knöpfe schmücken ihren Bauch,
einen Hut tragen sie auch.

Kreise auf den Bauch malen. Jedem Schneemann einen Hut malen.

Im Winter kann man sie dann sehn
in ganz vielen Gärten stehn.
Sag mir schnell, wenn du es weißt,
wie dieses Schneegespenst wohl heißt.

Auswertung:

Jedes Kind bekommt Pappe und Stifte und malt, während die Erzieherin den Vers noch einmal vorträgt, die Schneegespenster bzw. die Schneemänner. Die dabei entstandenen Bilder können als Raumdekoration verwendet werden.

Der Bratapfel

Material:

ein großer Apfel, Rosinen, Mandeln, Marmelade, ein Gemisch aus Zucker und Zimt, Butter, Vanilleeis, ein Apfelausstecher, Alufolie, eine Augenbinde, für jedes Kind einen kleinen Apfel und einen Löffel

Einstieg:

Die Kinder können zunächst die Zutaten wie Apfel, Rosinen, Mandeln, Zucker und Zimt, Marmelade mit geschlossenen Augen (alternativ Augenbinde) probieren und erraten.
Die Erzieherin bereitet vor den Augen der Kinder den großen Bratapfel zu. Sie entfernt das Kerngehäuse und füllt ihn mit einer Mischung aus Rosinen, Mandeln, Marmelade, Zucker und Zimt. Zum Schluss gibt sie ein Butterflöckchen auf den Apfel, wickelt ihn in Folie ein und schiebt ihn in den vorgeheizten Ofen (150 °C). Während der Bratapfel im Ofen gart, trägt sie folgenden Vers vor.

Mutter macht den Ofen an,
damit darin was brutzeln kann.
Äpfel will sie darin braten,
darauf schon lang die Kinder warten.

Rosinen, Mandeln und auch Butter,
vielleicht noch eine Prise Zucker
und im Nu ist auf dem Tisch,
der Bratapfel ganz warm und frisch.

Mit Soße und Vanilleeis
isst man den Apfel dann noch heiß.
Zum Winterschmaus für Jung und Alt
wird dieser Apfel schon sehr bald.

Mit ihm vergisst man Frost und Schnee,
mit ihm träumt man vom grünen Klee,
ruckzuck hat man ihn aufgegessen,
den Winter hat man ganz vergessen.

Nachdem der Apfel aus dem Ofen genommen, aufgeteilt und gemeinsam verzehrt wurde, leitet die Erzieherin zum zweiten Teil der Aktion mit dem folgenden Vers über.

Der Teller ist jetzt leider leer,
ich habe nichts vom Apfel mehr.
Nun gibt's für jeden, das ist klar,
einen Apfel, wunderbar.

Abschluss:

Jedes Kind kann nun mit Hilfe der Erzieherin einen Bratapfel zubereiten. Dabei wird der Reim häufiger wiederholt, sodass er am Schluss bestimmt schon von einigen Kindern mitgesprochen werden kann. Abschließend werden die fertigen Bratäpfel mit etwas Vanilleeis gemeinsam verzehrt.

Ein frostiges Winterfest

Ein Winterfest draußen im Schnee ist zwar eine kalte, aber auch eine ganz besondere Veranstaltung, deren Spuren noch mehrere Tage zu sehen sind und in den Kindern die Erinnerung an dieses Fest immer wieder neu aufleben lässt. Bei winterlichen Temperaturen kommt es natürlich auch sehr stark auf die richtige Kleidung an, damit es sich draußen ausgelassen spielen und feiern lässt. Ansonsten brauchen Sie nicht viel mehr als Kälte, Schnee und Eis, um dieses Fest durchführen zu können und zu einem vollen Erfolg werden zu lassen. Der Spielplatz bietet viele Möglichkeiten, um ein Schneefest zu veranstalten, und auch die nähere und weitere Umgebung kann in die Spielplanung mit einbezogen werden. Neben den bisher in diesem Heft vorgeschlagenen Liedern, Darstellungsspielen, Experimenten usw. sollten natürlich auch Schneespiele auf dem Programm stehen. Die folgenden Vorschläge können dazu beitragen, dass das Schneefest zu einem Winterspaß für Jung und Alt wird.

Auf der Suche nach den Schneehasen

Teilnehmer werden in zwei Gruppen geteilt. Eine Gruppe, Kinder und Erwachsene gemischt, sind die Schneehasen. Sie bekommen Hasenohren aus weißer Pappe und gehen mit kleinen Eimern, in denen flüssige Finger- oder Wasserfarbe ist, durch das Dorf oder das Wohnviertel. Sie haben einen Pinsel dabei, mit dem sie im Schnee bunte Farbtupferspuren hinterlassen. Die andere Gruppe, es sind die Jäger, die einen einfachen Papierhut tragen, müssen die Schneehasen suchen. Unterwegs können Stationen gemacht werden, an denen ein Schneelied gesungen, ein Rätsel gestellt, eine Turnübung durchgeführt oder etwas gesucht werden muss.

Schneemannwerfen

Gemeinsam wird ein großer Schneemann gebaut. Er bekommt einen Zylinder auf den Kopf. Nun müssen die Kinder versuchen, mit Schneebällen oder Tennisbällen dem Schneemann den Hut vom Kopf zu werfen.

Die Schlittenpartie

Die meisten Kindergärten haben auf ihrem Spielplatz oder zumindest in der Nähe des Kindergartens einen Hügel. Zum Winterfest sollen die Kinder ihre Schlitten von zu Hause mitbringen. Immer zwei Kinder oder ein Kind und ein Erwachsener nehmen dann auf einem Schlitten Platz und sausen den Hügel hinunter. Es kann aber auch auf Plastikeinkaufstüten den Berg hinuntergerutscht werden.

Schneemann fängt Schneefrau

Bei diesem Spiel für je einen Erwachsenen und zwei Kinder ist ein Kind der Schneemann, das andere die Schneefrau. Der Erwachsene breitet seine Arme aus und nimmt an jede Hand ein Kind. Nun dreht er sich um die eigene Achse. Dabei laufen die Kinder schnell im Kreis und der Schneemann versucht, die Schneefrau zu fangen. Im weichen Schnee zu laufen ist ganz anstrengend, aber ein Sturz ist ungefährlich und eher lustig.

Die Suche nach den Schneegespenstern

Material: mehrere weiße Betttücher, in die zwei kleine Gucklöcher geschnitten werden, eine Signalpfeife

Durchführung: Eine gerade Kinderanzahl wirft sich die Betttücher über und hockt sich in den Schnee. Auf ein Pfeifensignal hin erheben sie sich und versuchen, je ein anderes Schneegespenst zu fangen.

Schneegespenstertanz

Material: Tanzmusik, weiße Betttücher mit Gucklöchern

Durchführung: Die Kinder werfen sich das Betttuch über und hocken sich in den Schnee. Wird die Musik eingeschaltet, beginnen sie zu tanzen. Wird die Musik ausgestellt, bleiben sie wie eingefroren in der Tanzhaltung stehen. Spielt die Musik wieder, tanzen sie weiter.

Familienspiel

Im Laufe des Festes baut jede Familie eine Schneefigur. Dabei sind der Fantasie keine Grenzen gesetzt. Jede Figur erhält von den Künstlern einen Namen. Diese Schneegebilde hinterlassen noch lange ihre Spuren und erinnern an das frostige Winterfest.

Aufregung im Sternenland

Ein Märchen

Vorbereitung:

Einige Tage vorher schneiden die Kinder aus Goldpapier Sterne aus. Mit diesen Sternen, zusätzlich gekauften Leucht- und Dekosternen sowie Lichterketten wird ein Sternzimmer oder eine Sternecke im Kindergarten eingerichtet. 24 Goldpapiersterne werden noch nicht aufgehängt. Auf deren Rückseite schreibt die Erzieherin Angebotsvorschläge, z. B. „Morgen backen wir", „Morgen hören wir eine Geschichte" oder „Wünsch dir was". Zusätzlich wird noch ein Mond mit einer Pfeife gebastelt. Diese Utensilien werden für die Märchengeschichte benötigt.

Material:

24 Goldpapiersterne, ein Mond mit einer Pfeife, Nähnadel, Nähgarn, ein Filzstift, ein blaues Tuch, ein CD-Spieler mit ruhiger Musik, für jedes Kind ein Sitzkissen

Raumvorbereitung:

In dem Sternzimmer (der Sternecke) werden die Kissen im Kreis auf den Boden gelegt. Die Materialien liegen griffbereit und werden mit einem blauen Tuch abgedeckt.

Einstieg:

Die Kinder sitzen auf ihren Kissen. Die Erzieherin legt das blaue Tuch in die Mitte und verteilt darauf die 24 Goldpapiersterne. Bei ruhiger Musik betrachten die Kinder diesen „Sternenhimmel“. Danach erzählt die Erzieherin das folgende Märchen.

Hoch oben bei den Sternen im Sternenland herrscht seit einigen Tagen helle Aufregung. Jeden Abend, sobald die Sterne am Himmel ihren Platz eingenommen haben, schauen sie auf die Erde und sehen, wie nervös, unruhig, hektisch und aufgeregt die Menschen dort unten sind. Sie arbeiten von früh bis spät und haben keine Zeit. Sie sind oft unfreundlich und reden kaum miteinander. Lautes und fröhliches Lachen hören die Sterne nur ganz selten. Jeder Mensch geht seinen Weg und kümmert sich nicht um den anderen. Es gibt auf der Erde auch viele traurige Menschen. Fast jeden Tag hören die Sterne, wie auf der Erde jemand weint. Sie verstehen die Welt nicht mehr. Warum ist es auf der Erde nur so, warum können die Menschen nicht nett zueinander sein? Ratlos ziehen die Sterne am Himmel entlang und immer wieder schauen sie auf die Erde. Eines Abends sagt ein kleiner Stern zu seinem Nachbarn: „Wir müssen den Menschen auf der Erde helfen, ihr Lachen wieder zu finden.“
„Aber wie sollen wir das machen?“, fragt ein anderer Stern in der zweiten Reihe, der das gehört hat. „Wir sind hier oben und die Menschen sind dort unten, wie sollen wir da Kontakt aufnehmen?“ Die Sterne überlegen hin und her, doch es fällt ihnen nichts ein.
„Wir müssen den alten, weisen Mond fragen“, sagt nach einer Weile ein anderer Stern, „der weiß immer eine Lösung für unsere Sorgen. Vielleicht kann er uns auch jetzt einen Rat geben.“ Dieser Vorschlag gefällt allen und sie beschließen, den Mond um Rat zu fragen.

Da nicht alle Sterne ihren Platz am Himmel verlassen können, denn sonst wäre es auf der Erde in der Nacht stockdunkel, gehen nur die ältesten und größten Sterne gemeinsam zum Mond. Da der Weg dorthin weit und sehr beschwerlich ist, rufen sie den Wind zur Hilfe. Sie bitten ihn, sie zum Mond zu pusten. Natürlich hilft der Wind gerne. Er pustet dreimal ganz kräftig und schon sausen die Sterne über die Milchstraße zum Mond.
Als sie dort ankommen, raucht der Mond gerade ein Pfeifchen. Er begrüßt die Sterne mit freundlicher Stimme: „Welch später Besuch. Müsstet ihr nicht auf eurem Platz sein, um mit eurem Licht die Erde zu erhellen?"
„Ja, das stimmt", sagt ein Stern mit leiser Stimme. „Aber wir müssen dir dringend etwas erzählen." „Es ist ganz wichtig", ruft ein anderer Stern dazwischen. „Und ganz schrecklich", tönt es aus der hinteren Reihe. „Beruhigt euch erst einmal", sagt der Mond, „es gibt für alles eine Lösung. Erzählt, was ihr auf dem Herzen habt."

Aufgeregt erzählen die Sterne, was sie auf der Erde beobachtet haben und dass sie sich große Sorgen um die Menschen machen. Der Mond schmunzelt und sagt: „Ja, ja, das erlebe ich jedes Jahr. Die Menschen haben füreinander wenig Zeit und kurz vor dem Heiligen Abend ist das besonders schlimm. Dann arbeiten und rennen sie doppelt so viel. Sie putzen, backen, kochen, schmücken den Weihnachtsbaum, besorgen Geschenke und haben füreinander kaum einen Augenblick Zeit übrig. Sie übersehen dann ihre Mitmenschen und merken gar nicht,

dass die schönste Zeit im Jahr an ihnen vorbei läuft. Aber das vergeht und ihr braucht euch keine Sorgen zu machen. Im neuen Jahr ist das wieder ganz anders." So spricht der Mond und raucht in Ruhe sein Pfeifchen weiter.
„Aber bis dahin vergehen noch viele Tage und die Menschen können die schöne Vorweihnachtszeit nicht genießen. Das ist doch schrecklich", sagt ein Stern. „Das können wir nicht mit ansehen, wir müssen ihnen irgendwie helfen", ruft ein anderer Stern. „Sie sollen nicht rennen und hetzen, sondern zusammen singen, Geschichten hören und sich auf Weihnachten freuen", sagt ein besonders großer und heller Stern.
Der Mond überlegt eine Weile und sagt dann: „Ihr habt Recht, so kann es auf der Erde nicht weitergehen. Ab heute soll an jeden Tag ein Stern zur Erde fliegen und dort einem oder mehreren Menschen, die besonders einsam, traurig oder hektisch sind, schöne Ideen bringen."
„Ich möchte den Menschen schöne Backideen bringen", ruft ein Stern. „Lass mich bitte zuerst auf die Erde, ich möchte den Menschen schöne Geschichten und Traumreisen bringen", sagt wieder ein anderer Stern. „Ich möchte den Menschen schöne Bastelideen bringen, also lass mich bitte zuerst auf die Erde", sagt ein dritter.
O je, jeder von ihnen will zuerst auf die Erde. Da muss sich der Mond schon wieder eine Lösung einfallen lassen. Er benennt 24 Sterne, die in diesem Jahr zur Erde gehen dürfen. Jeder von ihnen bekommt eine Nummer und der Stern mit der Nummer eins, der kann schon am nächsten Tag hinunter zur Erde. „Wenn alle Sterne auf der Erde waren und mit den Menschen gesungen, gebastelt oder gebacken haben, dann werdet ihr sehen, dass sie alle ein wunderschönes ruhiges Weihnachtsfest feiern", erklärt der Mond mit ruhiger Stimme.

Ein leichtes Murren ist zu hören, denn es können nicht alle Sterne, die zum Mond gekommen sind, zur Erde. Der Mond geht zwischen den Sternen umher und schreibt 24 Sternen eine Zahl auf ihr glänzendes Kleid. Tröstend sagt er: „Im nächsten Jahr können andere 24 Sterne hinunter, also seid nicht traurig und geht jetzt alle wieder auf euren Platz am Himmel. Aber macht eure Arbeit gut, ich will keine Klagen hören.“ Er nickt zufrieden und löscht sein Pfeifchen.
Die Sterne verabschieden sich und machen sich auf den Heimweg. Auch jetzt hilft ihnen der Wind und pustet sie über die Milchstraße nach Hause. Dort gehen sie wieder an ihre Plätze. Leise flüsternd erzählt jeder Stern seinem Nachbarn, was der Mond sich für die Menschen ausgedacht hat. Und am folgenden Tag geht es los. Der Stern mit der Nummer eins fliegt zur Erde. Er will mit den Menschen backen. Seine Taschen hat er voller schöner Rezepte. Auf der Erde hat er auch im Nu Menschen entdeckt, mit denen er backen möchte.
So geht es nun tagaus und tagein. Jeden Tag können die anderen Sterne am Himmel beobachten, dass die Menschen ruhiger und viel fröhlicher werden. Sie haben Zeit, singen und freuen sich und am Heiligen Abend, da sehen die Sterne, wie gut sie ihre Aufgabe gelöst haben. In jedem Haus brennen Kerzen und die Menschen sitzen zusammen und feiern ein friedliches Weihnachtsfest. Die Sterne sind zufrieden. Sie haben es geschafft, viele Menschen glücklich zu machen.

Abschluss:

Die 24 Sterne aus der Kreismitte, auf denen ein Angebot steht, werden von der Erzieherin mit Nummern versehen und zwischen die anderen Sterne gehängt. Jetzt hat die Gruppe einen Stern-Adventskalender. Jeweils ein anderes Kind kann für den kommenden Tag den Stern mit der Nummer für den folgenden Tag heraussuchen. Das Angebot, das auf der Rückseite steht, wird von der Erzieherin vorgelesen, z. B.: „Morgen spielen wir ein Rollenspiel" oder „Wünsch dir etwas". Nun können sich die Kinder auf den kommenden Tag freuen und ihn mit eigenen Beiträgen wie Bilderbüchern, Geschichten, Bastelvorschlägen, usw. bereichern. Zusätzlich kann die Erzieherin auch die Angebote dieses Projektes verwenden und sie mit eigenen Ideen ergänzen. So gehen die Sterne mit Ihnen und Ihren Kindern an jedem Tag durch die Vorweihnachtszeit.

Schlusslied:

An unsrem Himmel ist etwas

(Melodie: Auf unsrer Wiese geht etwas)

An unsrem Himmel glänzt etwas,
es bewegt sich leise.
Sie sind rund und klitzeklein,
sie machen eine Reise.
Sie ziehen langsam hin und her,
sie zu erraten ist nicht schwer,
komm, sag mir ihren Namen.

(Die Kinder raten.)

Sterne kennt ein jedes Kind,
hier und in der Ferne.
Ob Groß, ob Klein, ob Jung und Alt,
ein jeder mag sie gerne.
Sterne funkeln wunderschön,
sie sind herrlich anzusehn,
heut und jeden Abend.

Finger- und Reimspiele für die Adventszeit

Das Fingerspiel vom Nikolaus

Mit den Fingern ein Dach bilden. Mit einer Hand die Augen beschirmen.	Aus einem klitzekleinen Haus, da schaut der Nikolaus heraus.
Mit den Zeigefingern und Daumen beider Hände Kreise bilden und vor die Augen halten.	Er trägt ne Brille, klein und rund,
Pantomimisch die Länge des Bartes zeigen.	ein langer Bart verdeckt den Mund.
Pantomimisch die Stiefel anziehen. Auf der Stelle gehen.	Er zieht nun seine Stiefel an, damit er losmarschieren kann.
Gebeugt auf der Stelle gehen.	Auf dem Rücken liegt ein Sack, den trägt er heute huckepack.
Die Finger in die Luft heben und spreizen.	Die Sterne ziehen nun voran, damit er alles sehen kann.
Pantomimisch darstellen.	Er holt ganz leis vor jedem Haus ein Päckchen aus dem Sack heraus.
Schnell auf der Stelle gehen.	Der Sack ist leer, wie ist das schön, nun kann er schnell nach Hause gehn.
Die Hände zusammenlegen und den Kopf darauf legen.	Der Nikolaus ruht sich nun aus und kommt erst morgen wieder raus.

Der Traum von den fünf Engeln

Auf einer Wolke, dick und groß,	Mit den Händen eine Wolke nachbilden.
da sitzt jemand, wer ist das bloß?	Mit einer Hand die Augen beschirmen.
Es sind fünf Engel, ach, wie schön,	Die Finger einer Hand zeigen.
die kann ich jetzt ganz deutlich sehn.	
Der erste Engel winkt mir zu,	Daumen zeigen und mit der anderen Hand winken.
wenn du ihn siehst, dann wink auch du.	Noch einmal winken.
Der zweite Engel kommt und dann	Daumen und Zeigefinger zeigen und sich im Kreis drehen.
fängt er mit mir zu tanzen an.	
Der dritte Engel summt ein Lied,	Drei Finger zeigen und leise summen.
komm und summ doch einfach mit.	
Der vierte Engel, ach, o Schreck,	Vier Finger zeigen und die Hand vor den Mund halten.
der fliegt ganz hoch und ist dann weg.	Hand vor die Stirn halten und nach oben schauen.
Der fünfte Engel, ach, der Kleine,	Alle fünf Finger zeigen.
er liegt da und schläft alleine.	Beide Hände aufeinander legen und darauf den Kopf legen.
Psst, sei still, du glaubst es kaum,	Den Zeigefinger vor den Mund halten.
das Fingerspiel war nur ein Traum.	
Die Engel sind nun alle fort,	Suchend nach rechts und links schauen.
an einem unbekannten Ort.	

Ratereime

Das letzte Wort in jeder zweiten Zeile sagen die Kinder.

Ein Tannenbaum

Ein Tannenbaum, ein Tannenbaum,
der ist so groß, du glaubst es … (kaum).
Mit vielen Kugeln bunt und schön,
kannst du ihn Heiligabend … (sehn).
Er trägt Kerzen, leuchtet hell,
die Kinder kommen ganz, ganz … (schnell).
Sie sitzen unter diesem Baum,
und träumen einen Weihnachts …
(traum).

Hören, fühlen, riechen, schmecken, lass uns das Raten neu entdecken

Um den Kindern das Warten in der Adventszeit ein wenig zu verkürzen, sind Wahrnehmungsspiele genau das Richtige. Eine Spielrunde, in der geraten, gefühlt, gehört und etwas „erschmeckt" wird, macht allen Spaß und regt so ganz nebenbei die Sinne an. Ich möchte Ihnen einige Anregungen geben, die Sie jedoch auf Ihre Gruppe abstimmen sollten. Ist ein Rätsel oder eine andere Spielaufgabe für das jeweilige Kind zu schwer, so sollten Sie spontan die Aufgabe ändern und sie auf das Kind zuschneiden, damit Misserfolge weitgehend ausgeschlossen werden können und der Spaß am Spiel erhalten bleibt.

Hinweis:

Eine kleine Einführungsgeschichte kann die Motivation zum Mitspielen bei den Kindern steigern und dem Ganzen einen schönen Rahmen geben.

Der kleine Engel Gregor

Oben im Himmel wohnt der kleine Engel Gregor zusammen mit vielen anderen Engeln. Gregor ist der einzige Engel, der die Vorweihnachtszeit nicht mag. Wenn er nur schon daran denkt, dass er tagelang Plätzchen backen, Christbaumkugeln putzen und Päckchen packen muss, dann möchte er am liebsten ganz weit weg verreisen. Immer, wenn er kann und ihn kein anderer Engel sieht, macht er sich ganz schnell aus dem Staub. Er besucht dann die Sterne, hin und wieder auch den Wind oder manchmal sogar den Nikolaus. Beim Nikolaus ist Gregor sehr gern, denn der erzählt ihm immer wunderschöne Dinge von den Menschen auf der Erde unten. Gregor möchte auch einmal auf die Erde, um zu sehen, wie die Menschen dort leben.

Eines Tages, als er wieder einmal keine Lust hat, die unzähligen Baumkugeln zu putzen, macht er sich aus dem Staub und läuft zum Nikolaus. Der ist gerade dabei, seine Säcke mit Päckchen zu füllen. Gregor schaut zu und sagt: „Lieber Nikolaus, bitte, nimm mich einmal mit zur Erde. Ich möchte sehen, wie dort die Kinder leben. Ich helfe dir auch und verteile die Päckchen."
Der Nikolaus überlegt und antwortet: „Dafür kann ich aber nur ganz besonders schlaue Engel gebrauchen."
„Ich bin schlau", ruft Gregor, „ich weiß alles!"
Ob das aber stimmt? Nikolaus will nun den kleinen Gregor ein wenig prüfen. Erst muss er ein paar schwierige Aufgaben lösen, dann darf er mit hinunter zur Erde. O je, jetzt wird der kleine Engel Gregor aber ein wenig ängstlich. „Hoffentlich kann ich auch wirklich alles", denkt er. Da der Nikolaus ein guter Mann ist, kann Gregor sich jemanden holen, der ihm beim Lösen der Aufgaben hilft. Gregor überlegt lange, wen er fragen soll – und dann fallen wir ihm ein! Wir sollen dem kleinen Engel Gregor helfen, damit er mit dem Nikolaus auf die Erde kann.
Dazu müssen wir die folgenden Rätselaufgaben lösen.

Hinweis:

Ein Spielwürfel mit weihnachtlichen Motiven kann beim Ablauf der folgenden Spiele sehr hilfreich sein, denn dann bestimmt nicht die Erzieherin die Reihenfolge bzw. die Auswahl, sondern das Würfelglück entscheidet, wer von den Kindern an der Reihe ist.

Der Adventswürfel

Material: Pappe, Papier, Buntstifte, Schere, Klebstoff

Anleitung: Malen Sie verschiedene Motive – beispielsweise einen Engel, eine Kerze, ein Plätzchen, einen Tannenbaum, ein Päckchen, einen Stern – auf ein kleines Blatt Papier. Basteln Sie aus Pappe einen Würfel und kleben Sie die Motive auf die sechs Seiten des Würfels. Nun malen Sie jedes Motiv noch ein paar Mal auf ein etwas größeres quadratisches Blatt. Auf die Rückseite des Blattes schreiben Sie nun, den Symbolen entsprechend, die Aufgabenstellung (hinter das Päckchen Rätsel, hinter den Engel Hörspiele, hinter die Kerze Fühlspiele, hinter die Plätzchen Naschspiele, hinter den Tannenbaum Riechspiele und hinter den Stern den Satz „Wünsch dir was").

Würfelsymbole und ihre Bedeutung
Kerze: Symbol für das Fühlen
Plätzchen: Symbol für das Schmecken
Engel: Symbol für das Hören
Tannenbaum: Symbol für das Riechen
Päckchen: Symbol für das Raten
Stern: Symbol für das Wünschen

Ablauf: Die Rätselblätter liegen mit dem Motiv nach oben auf dem Boden. Die Kinder können nun nacheinander würfeln und entsprechend dem gewürfelten Motiv ein Motiv aus der Kreismitte nehmen. Nun sollte das Kind, das an der Reihe ist, die auf der Rückseite des Rätselblatts gestellte Aufgabe lösen.

Hinweis: Wenn ein Kind den Stern würfelt, dann darf es sich ein Bewegungs-, Kreis- oder Fingerspiel wünschen. Als Rätselspiel beim Päckchensymbol eignet sich der Ratereim auf S. 109 oder andere Rätsel um Sterne und andere Weihnachtssymbole.

Spielvorschläge für das Fühlen:

Das Gleiche suchen

Für dieses Spiel benötigen Sie 6 Beutel (Turnbeutel) und jeweils 2 gleiche Gegenstände, z. B. 2 Tannenzapfen, 2 Autos oder 2 Bleistifte. Diese Gegenstände werden einzeln in die 6 Beutel gelegt. Nun erfühlt das Kind die gleichen Gegenstände, benennt sie und legt die Beutel mit dem gleichen Inhalt nebeneinander. Wenn das Kind die Gegenstände durch den Beutel von außen nicht erfühlen kann, darf es die Hand in den Beutel stecken und den Gegenstand direkt befühlen.

Das Genannte suchen

In einem Beutel befinden sich mehrere verschiedene Gegenstände. Das Kind bekommt einen der Gegenstände genannt und soll seine Hand in den Beutel stecken, den Gegenstand unter den vielen anderen herausfinden und dem Beutel entnehmen.

Das Beschriebene suchen

Zwei Kinder bekommen einen Beutel mit den gleichen Gegenständen. Ein Kind greift in den Beutel, sucht sich einen Gegenstand aus und beschreibt ihn so genau wie möglich, bis das andere Kind diesen Gegenstand in seinem Sack auch findet. Beide Kinder ziehen zur gleichen Zeit ihren Gegenstand aus dem Beutel.

Spielvorschläge für das Schmecken:

Erklären Sie den Kindern vorab, dass bei den Schmeckspielen keine „unangenehmen Überraschungen“ auf sie warten. Es geht lediglich darum, bekannte Düfte und Geschmacksrichtungen zu erkennen.
Wenn Sie Essig oder Zitronensaft benutzen, dann bitte in einer Verdünnung, die den sauren Geschmack abmildert.

Hinweis:

Dem spielenden Kind werden bei allen Spielen die Augen verbunden, bzw. es muss die Augen geschlossen halten.

Etwas Süßes erschmecken

Dem Kind werden drei Lebensmittel zum Schmecken gegeben. Ein Lebensmittel davon ist sehr süß (z. B. Honig). Das Kind soll das süße Lebensmittel erschmecken und den Namen nennen.

Etwas Körniges erschmecken

Auch hier werden dem Kind drei verschiedene Lebensmittel zum Probieren gegeben. Das Kind sollte das Körnige (z. B. ein Stück Brot) erschmecken und den Namen sagen.

Etwas Geschmackloses erschmecken

Wieder werden dem Kind drei verschiedene Lebensmittel zum Probieren gegeben. Es soll nun heraus finden, welches Lebensmittel eigentlich nach gar nichts schmeckt (z. B. Mehl).

Spielvorschläge für das Hören:

Instrumente erkennen

Dem Kind werden nacheinander mehrere Instrumente vorgespielt (z. B. Flöte, Tamburin, Triangel usw.). Diese soll es am Klang erraten und den Namen sagen.

Stimmen zuordnen

Die Erzieherin nennt dem Kind jeweils den Namen eines Kindes aus der Gruppe. Nun rufen drei Kinder nacheinander das Wort „Hallo“. Danach soll das Kind sagen, welche Stimme zu dem genannten Kind gehörte, die erste, zweite oder dritte Stimme.

Geräusche erraten

Die Kinder im Kreis bekommen Dinge, mit denen sie Geräusche machen können, z. B. eine Tasse mit einem Löffel, eine Schere, eine Flasche, in die sie hineinblasen, ein Stück Papier, mit dem sie knistern usw. Das Kind mit den verbundenen Augen hört sich ein Geräusch nach dem anderen an und versucht, die Gegenstände zu erraten, mit denen das Geräusch gemacht wurde.

Spielvorschläge für das Riechen:

Etwas riechen, was Papa im Bastelkeller hat

Dem Kind werden verschiedene Dinge zum Riechen unter die Nase gehalten, z. B. Holzleim, Kaffee, Apfelsinenschalen. Es soll erkennen, welcher Duft am ehesten in den Bastelkeller gehört.

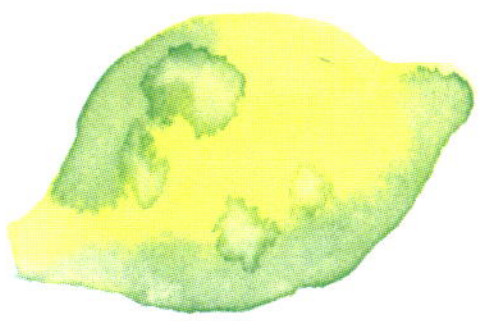

Etwas riechen, was die Mama beim Kochen benutzt

Dem Kind werden verschiedene Dinge zum Riechen unter die Nase gehalten, z. B. Parfüm, geschnittene Zwiebeln, Terpentin. Welcher Duft passt in die Küche?

Etwas riechen, was Kinder nicht trinken dürfen

Dem Kind werden verschiedene Dinge zum Riechen unter die Nase gehalten, z. B. Schnaps, Himbeersaft, Birnen- oder Apfelsaft. Welcher Geruch ist nicht für Kinder bestimmt?

Hinweis:

Stark riechende Flüssigkeiten (Terpentin, Schnaps etc.) sollten Sie dem Kind nicht direkt unter die Nase halten. Wedeln Sie ihm mit der Hand den Duft aus einiger Entfernung zu und kommen Sie langsam etwas näher, bis es etwas riechen kann.

Abschlussgeschichte:

Dank eurer Hilfe hat der kleine Engel Gregor alle Aufgaben gelöst und darf noch an diesem Abend den Nikolaus zur Erde begleiten. Der kleine Gregor ist sehr aufgeregt und er will in dieser Nacht durch viele Fenster schauen und die Kinder beim Schlafen beobachten. Vielleicht kommt er ja heute Nacht auch zu dir und schaut durch dein Fenster.
Lass dich einfach mal überraschen.

Auf der Suche nach dem Weihnachtsglöckchen

Material: Eine Auswahl an Orff- Instrumenten

Ablauf: Beim Erzählen der Geschichte werden das Weihnachtsglöckchen, Engel, Sterne, Mond, Wind, klirrende Kälte und Schneeflocken mit verschiedenen Instrumenten klanglich begleitet.

Seit genau drei Tagen herrscht bei den Engeln große Unruhe. Das Weihnachtsglöckchen, das immer in dem großen Weihnachtszimmer lag, ist verschwunden. Von morgens bis abends suchen die Engel den Himmel ab. Aufgeregt laufen sie hin und her, schauen hinter jede Wolke, doch nirgends ist das Glöckchen zu finden. Die Engel sind sehr nervös, denn wenn das Glöckchen bis zum Heiligen Abend nicht gefunden wird, dann kann es für die Menschen auf der Erde nicht das Fest einläuten. O je, was sollen sie bloß machen? Ratlos sitzen die Engel auf einer dicken Wolke und niemand weiß eine Lösung. Mit einem Mal hören sie in der Ferne schwere Schritte. Die Engel kennen diese Schritte genau. Das muss der Mond sein. Er kommt wie jeden Abend, um nachzufragen, ob alles in Ordnung ist. Als er hört, dass das Weihnachtsglöckchen verschwunden ist, wird er böse und stampft mit polterndem Schritt fort. Die Engel werden von Minute zu Minute trauriger. Noch einmal suchen sie den ganzen Himmel ab. Sie laufen hin und her. Irgendwo muss das Glöckchen doch sein! Doch ihre Suche bleibt erfolglos. Nun kann ihnen nur noch der Wind helfen. Sie rufen ihn und wie ein Blitz kommt er herbei. Ein heftiges Sausen und Brausen ist am Himmel zu hören, die Wolke, auf der die Engel sitzen, wird heftig hin und her geschüttelt, und schon ist er da. Er bringt klirrende Kälte mit und verstreut unzählige kleine Schneeflocken. Sie tanzen und wirbeln zwischen den Wolken herum. Die kleinen Engel fragen den Wind, ob er auf seiner weiten Reise das Glöckchen gesehen habe. Doch er pustet den Engeln eisige Kälte ins Gesicht und antwortet mit brummiger Stimme, dass er das Glöckchen auch nicht gesehen habe. So schnell, wie er gekommen ist, braust er auch wieder mit lautem Klirren und Knacken davon. Mit ihm verschwinden auch die unzähligen kleinen Schneeflocken. Die Engel sind verzweifelt. Wen sollen sie jetzt noch fragen? Mit einem

Mal sagt der kleinste Engel: „Wir fragen die Sterne. Die sind so hell, vielleicht haben sie das Glöckchen gesehen." Gesagt, getan. Je näher sie den Sternen kommen, umso heller wird es um sie herum. Aufgeregt fragt der kleine Engel: „Habt ihr vielleicht das Weihnachtsglöckchen gesehen? Wir haben es verloren und müssen es unbedingt wiederfinden. Wenn wir es nicht finden, kann für die Menschenkinder das Weihnachtsfest nicht eingeläutet werden und darüber wären sie dann bestimmt sehr traurig." Die Sterne verstehen den Kummer der Engel sehr gut und wollen helfen. Gemeinsam machen sie sich noch in der Nacht auf den Weg. Sie ziehen hin und her und schauen in alle Ecken. Auf einmal hört ein Stern ein leises Bimmeln. Langsam zieht der Stern dem Bimmeln entgegen und es wird immer lauter. Tatsächlich findet der Stern das gesuchte Glöckchen! Es hat sich in einer dicken, watteweichen Wolke verfangen und kann allein dort nicht mehr heraus. Die Wolke schaukelt das Glöckchen hin und her. Mit viel Rucken und Schütteln gelingt es dem Stern, das Glöckchen zu befreien. Dann zieht der Stern eilig damit zu den anderen Sternen. Alle sind sehr froh. Endlich ist das Weihnachtsglöckchen wieder da. Gemeinsam eilen die Sterne zu den Engeln. Von weitem hören sie das Weihnachtsglöckchen bimmeln. Voller Freude laufen sie den Sternen entgegen und nehmen ihr verloren gegangenes Glöckchen in Empfang. Vor Freude machen nun die Sterne gemeinsam mit den Engeln und dem Glöckchen einen Tanz. Dann fliegen sie zum Mond. Von weitem hört er sie schon kommen. Als er die Sterne, die Engel und auch das Glöckchen sieht, sagt er: „Endlich, es wird auch Zeit, denn genau in einer Stunde ist auf der Erde Weihnachten." Das Glöckchen macht sich bereit und saust mit dem Wind hinunter zur Erde. Gespannt stehen die Sterne und der Mond am Himmel und die Engel sitzen auf einer dicken Wolke. Sie warten auf das Bimmeln des Glöckchens. Jetzt hören sie es. Laut und wunderschön läutet das Weihnachtsglöckchen das Fest ein. „Nun ist alles wieder gut", sagt der kleinste Engel und lässt sich gemeinsam mit den anderen Engeln in eine watteweiche Wolke plumpsen und schläft ein. Am Himmel ist es mucksmäuschenstill, nur das Läuten des Glöckchens ist klar und deutlich zu hören.

Drei Könige auf dem Weg nach Bethlehem

Ein kleines Darstellungsspiel zu Weihnachten ist für viele Kinder der Höhepunkt vor dem Fest. Gemeinsam werden die Requisiten gebastelt, die Rollen verteilt und eingeübt. Da Sie als Erzählerin Handlung und vielleicht auch mal den einen oder anderen Sprechtext vorlesen, muss das Stück nicht lange eingeübt werden und die Rollen können in ständigem Wechsel besetzt werden. So dürfen im Verlauf von mehreren Aufführungen alle Kinder einmal auftreten.

Requisiten:

drei Kamele aus Pappe, mehrere Tannen aus Pappe, ein großer Stern aus Goldpapier, drei Schafe aus Pappe, ein Bündel dünnes Astholz, ein Stall aus Pappe, eine Ziege aus Pappe, ein Stall aus Pappe, eine Futterkrippe, eine Puppe, etwas Stroh, eine Wolldecke, ein goldenes Kästchen, zwei Flaschen für Weihrauch und Myrrhe, eine Stalllampe, Verkleidungen für die Könige, den Hirten, den alten Mann, die alte Frau, Maria und Josef

Ablauf:

Die Kinder spielen ihre Rollen entsprechend dem Text und sprechen die Teile, die für ihre Rolle bestimmt sind. Durch das Stück führt der Erzähler.

Erzähler:

Vor langer Zeit, als in einem Stall Jesus geboren wurde, entdeckten nicht nur Hirten den besonderen Stern, sondern auch drei Könige, die weit weg von Bethlehem in einem fremden Land lebten. Es waren die Könige Kaspar, Melchior und Balthasar. Da die drei wissen wollten, was es mit diesem Stern auf sich hatte, schickte jeder von ihnen einen Boten aus. Diese sollten das Geheimnis des fremden Sterns lösen. Nach vielen Tagen kehrten die Boten zurück und berichteten von einem neugeborenen König, dem Retter der Welt, auf den die Menschheit schon lange gewartet hätte. Diese Nachricht machte die drei Könige so neugierig, dass sie sich sofort aufmachten, um den neuen König zu begrüßen. Jeder von ihnen nahm ein Geschenk für diesen neugeborenen König mit.

So begann für sie in einer sternenklaren Nacht eine weite Reise. Auf ihren Kamelen folgten sie dem großen Stern. Er sollte sie zu dem neuen König bringen.

Drei Kinder, als Könige verkleidet, mit je einem Kamel aus Pappe betreten die Bühne. Der große Stern aus Goldpapier, der an einem langen Stab befestigt ist, erscheint und zeigt den Königen den Weg.

Erzähler:

Der Weg der drei Könige war sehr beschwerlich. Er führte über steinige Wege, durch trockene und staubige Wüsten, durch dichte Wälder und unbekannte Gegenden.

Während die drei Könige auf der Bühne hin und her gehen, stellen sich andere Kinder, die Tannen aus Pappe halten, als Wald auf die Bühne.

Erzähler:

Es vergingen viele Tage und Nächte und erschöpft kamen die Könige zu einer Weide, auf der ein Hirte seine Schafe hütete.

Ein Kind kommt als Hirte verkleidet auf die Bühne. Drei Schafe aus Pappe werden auf die Bühne gestellt.

Erzähler/Kinder:

Als der Hirte die Fremden auf ihren Kamelen sah, fragte er: „Wohin wollt ihr mitten in der Nacht?“

„Wir wollen zum König, der heute Nacht geboren wurde. Willst du mit?“, fragte Kaspar.

Der Hirte antwortete: „Gern gehe ich mit.“

Schnell ging er zu seinen Schafen, nahm das wolligste Schaf und sagte: „Ich schenke ihm dieses Schaf.“

Erzähler:

Nun folgten die drei Könige und der Hirte dem großen Stern. Da die drei Könige schon einen weiten Weg hinter sich hatten und sehr müde waren, sangen sie ein Lied, um sich wach zu halten.

Alle Kinder singen.

(Melodie: Ein Männlein steht im Walde)
Ein Stern, der steht am Himmel, ganz hell und weit,
er will mir leise sagen, mach dich bereit.
Gemeinsam wollen wir nun gehn,
um uns den König anzusehn,
der heute Nacht geboren, wie ist das schön.

Erzähler:

Schon nach kurzer Zeit begegneten sie einem alten Mann. Er sammelte Holz für sein Nachtfeuer.

Ein Kind, verkleidet als alter Mann, kommt auf die Bühne mit einem Bündel Holz.

Erzähler/Kinder:

Als er die Fremden auf den Kamelen sah, fragte er: „Wohin wollt ihr mitten in der Nacht?“
„Wir wollen zum König, der heute Nacht geboren wurde. Willst du mit?“, fragte Melchior.
Der alte Mann antwortete: „Gern gehe ich mit. Ich schenke ihm dieses Bündel Holz.“

Nun folgten die drei Könige, der Hirte und der alte Mann dem Stern. Da die Könige und der Hirte schon einen weiten Weg hinter sich hatten und sehr müde waren, sangen sie wieder ein Lied.

Alle Kinder singen.

(Melodie: Ein Männlein steht im Walde)
Der kleine neue König bringt uns das Glück,
er bringt uns Menschenkindern das Licht zurück.
Gemeinsam wollen wir nun gehn,
um uns den König anzusehn,
der heute Nacht geboren, wie ist das schön.

Erzähler:

Immer wieder schauten sie zum Himmel und der große Stern ging ihnen voraus. Der Weg schien kein Ende zu nehmen. Die Dunkelheit und die Kälte machten die Reise für alle sehr beschwerlich. Irgendwann kamen sie zu einem Haus, aus dem eine alte Frau kam.

Ein Kind, verkleidet als alte Frau, kommt auf die Bühne.

Erzähler/Kinder:

Als sie die Fremden sah, fragte sie: „Wohin wollt ihr mitten in der Nacht?“
„Wir wollen zum König, der heute Nacht geboren wurde. Willst du mit?“, fragte Balthasar.
Die alte Frau lächelte und sagte: „Gern gehe ich mit.“
Schnell lief sie in den Stall und kam mit einer Ziege zurück.
„Ich schenke ihm meine einzige Ziege“, sagte sie und ging mit.

Nun folgten die drei Könige, der Hirte, der alte Mann und die alte Frau dem Stern. Da die Könige, der Hirte und der alte Mann schon einen weiten Weg hinter sich hatten und sehr müde waren, sangen sie ein Lied.

Alle Kinder singen.

(Melodie: Ein Männlein steht im Walde)
Der Weg zum neuen König ist weit und kalt,
er führt uns durch die Wüste und durch den Wald.
Gemeinsam wollen wir nun gehn,
um uns den König anzusehn,
der heute Nacht geboren, wie ist das schön.

Ein Stall aus Pappe wird auf die Bühne gestellt.

Erzähler/Kinder:

Plötzlich wurden ihre müden Augen von einem hellen Licht geblendet. Sie sahen den Stern ganz nah. Er stand über einem alten Stall.

Wie aus einem Mund riefen Kasper, Melchior und Balthasar: „Wir sind am Ziel. Hier im Stall ist der neue König geboren."

Gespannt und voller Freude trugen die müden Füße sie alle zum Stall. Dort sahen sie eine Frau und einen Mann. Es waren Maria und Josef. Sie saßen an einer Futterkrippe. In ihr lag ein kleines Kind. Es war mit Stroh zugedeckt.

Ein Kind als Josef und eines als Maria verkleidet kommen auf die Bühne, und stellen sich dort um die Futterkrippe, in der eine Puppe liegt.

Erzähler:

Voller Freude knieten die drei Könige, der Hirte, der alte Mann und die alte Frau vor dem neugeborenen Kind nieder und sangen ein Lied:

Alle Kinder singen. (Melodie: Ein Männlein steht im Walde)
Wir grüßen dich und freu'n uns bei dir zu sein,
du liegst in dieser Krippe und bist noch klein.
Gemeinsam rufen wir dir zu:
Du bringst unsrer Erde Ruh,
du sollst der neue König für alle sein.

Erzähler: Nachdem sie dem neuen König ihr Loblied gesungen hatten, überreichte jeder ihm sein Geschenk.

Kaspar: „Ich schenke dir Gold, damit es dir immer gut geht."

Melchior: „Ich schenke dir Weihrauch, damit es dir immer gut geht."

Balthasar: „Ich schenke dir Myrrhe, damit es dir immer gut geht."

Hirte: „Ich schenke dir mein liebstes Schaf, damit es dir immer gut geht."

Mann: „Ich schenke dir Holz, damit es dir immer gut geht."

Frau: „Ich schenke dir meine einzige Ziege, damit es dir immer gut geht."

Maria und Josef: Maria und Josef bedanken sich und sagen freundlich: „Der König schenkt euch seine ewige Freundschaft, damit es euch immer gut geht."

Erzähler: Die Könige, der Hirte, der Mann und die Frau sind müde und erschöpft. Maria holt eine Decke, auf der sich die Fremden zum Schlafen nieder legen. Dann macht sie die Lampe aus und nun ist es in dem Stall dunkel und ganz still.

Das Raumlicht wird ausgeschaltet. Die drei Könige, der Hirte, der Mann und die Frau verlassen die Bühne.

Erzähler: Als es am nächsten Morgen hell ist, sind die Fremden schon wieder fort und Maria und Josef hören aus der Ferne Stimmen.

Hinter der Bühne murmeln einige Kinder.

Erzähler: Es sind andere Menschen, die von weit her kamen, um den neuen König zu begrüßen.

Alle Kinder kommen heran und stellen sich um Maria, Josef und die Krippe.

Im Sternenland

Material: eine Lampe, ein Tuch, eine Kerze, viele unterschiedlich große Dekorationssterne oder Sterne aus Goldpapier, ein CD-Spieler mit ruhiger Musik, für jedes Kind eine Decke und ein Kissen

Raumvorbereitung: Die Decken werden kreisförmig angeordnet. Mit dem Tuch, der Kerze und den Dekorationssternen wird die Mitte gestaltet. Der CD-Spieler steht griffbereit.

Ablauf: Die Kinder gehen zu ruhiger Musik durch den Raum und begrüßen sich. Danach setzen sie sich auf die Decke und betrachten die gestaltete Mitte. Die Gedanken, die ihnen dabei kommen, können sie anschließend den anderen Kindern mitteilen. Als Gesprächsmedium wird ein Stern aus der Mitte genommen und herumgereicht.
Anschließend werden die Kinder zu der folgenden Fantasiereise eingeladen.

Erzieherin:

Mach es dir bequem.
Leg dich entspannt und locker auf deine Decke.
Spüre einmal, liegst du auch wirklich bequem?
Nichts darf dir weh tun, du musst bequem liegen.
Nun lausche in den Raum hinein.
Was hörst du?
Schicke alle störenden Geräusche fort.
Lass nur die Stille zu.
Hörst du die Stille?
Spürst du die Stille?

Meditative Musik.

Nun liegst du bequem und bist zugedeckt mit Stille.
Schließe deine Augen.
Was siehst du?
Ist es vor deinen Augen dunkel?
Schau einmal, siehst du in der Dunkelheit auch ein kleines Licht?
Schau es dir gut an.
Es wird immer größer und heller.
Kannst du erkennen, was es ist?
Es ist ein Stern.

Nimm meine Hand, wir folgen dem Stern gemeinsam.
Der Stern führt uns durch einen Wald.
Hier ist es still.
Wir folgen noch immer dem Stern.
Es wird immer heller um uns herum.
Schau, von allen Seiten kommen Sterne auf uns zu.
Sie zeigen uns den Weg.
Wohin führen sie uns?
Eine leise Musik ist zu hören.
Schau dich um, alles glänzt, und in diesem Glanz tanzen kleine Sternenkinder.
Sie lächeln, fassen uns an und tanzen mit uns.

Pause mit etwas lauterer Musik.

Leicht und beschwingt drehen wir uns zu der schönen Musik.

Pause mit Musik.

Fühlst du dich auch so wohl wie ich?

Musik ausschalten.

Lange tanzen wir,
doch dann ist der Tanz zu Ende.
Die Sterne verabschieden sich und sind mit einem Mal verschwunden.
Nur der Stern, der uns beide hierher gebracht hat, ist noch da.
Er bringt uns nach Hause zurück.
Gemeinsam gehen wir wieder durch den Wald.
Nun verabschiedet sich auch der Stern, denn wir sind wieder zu Hause.
Schau, der Stern wird immer kleiner und kleiner.
Jetzt ist er nicht mehr zu sehen.
Vor deinen Augen ist es wieder dunkel.
Spürst du nun wieder deinen Körper?
Weck ihn ganz sanft auf. Bewege erst die Finger, dann die Arme, die Zehen, die Füße, die Beine. Beweg deinen Körper, recke und strecke dich, gähne und öffne die Augen.
Du bist wieder hier im Raum.

Abschluss: Die Kinder können ihre Erlebnisse während der Reise mitteilen. Zum Schluss kann sich jedes Kind aus der Mitte einen Stern zur Erinnerung mitnehmen.

Adventsschmuck

Gipsschmuck

Material: Gips, verschiedene Plätzchenbackformen (Engel, Tannenbäume, Sterne usw.), Nägel, Plaka- oder Abtönfarbe, Bildaufhänger zum Ankleben

Anleitung: Der Gips wird nach Gebrauchsanweisung dickflüssig angerührt und in die Form gegossen. Mit einem Nagel wird nach dem Trocknen ein Muster in den Gips geritzt, danach können die Abgüsse noch mit Plaka- oder Abtönfarbe angemalt werden. Nun werden die Bildaufhänger auf die Rückseite geklebt und der Schmuck kann an Zweige, vor die Fenster, unter die Decke oder an den Weihnachtsbaum gehängt werden.

Strohsterne

Material: feste Pappe, Stroh, Futtermais/Futtererbsen, Vogelbeeren, Klebstoff, Schere, Bleistift

Anleitung: Auf die feste Pappe wird ein Stern gemalt und ausgeschnitten. Das Stroh wird klein geschnitten. Der Pappstern wird mit Klebstoff bestrichen und die Naturmaterialien werden nun frei nach Fantasie auf den Stern geklebt.

Variation: Statt Stroh kann Heu oder auch Moos genommen werden. Außerdem kann dünner Basteldraht aus Gold oder Silber um den Stern gewickelt werden.

Aststerne

Material: pro Stern 6 etwa gleich lange, dünne Hölzer (Aststücke), Bast in beliebigen Farben

Anleitung: Jeweils 3 Hölzer werden mit dem Bast zu einem Dreieck zusammengebunden. Diese beiden Dreiecke werden zu einem Stern übereinander gelegt und wiederum mit Bast zusammengebunden. An einem Aufhänger aus Bast lassen sich die Aststerne überall aufhängen.

Steckschmuck für die Fensterbank

Material: Flaschenkorken, Tonpappe in verschiedenen Farben, Schere, Klebstoff, Messer, Holzbrettchen, lange Holzspieße

Anleitung: Die Erzieherin schneidet die Korken auf einem Holzbrettchen in Scheiben. Die Kinder malen auf die Pappe unterschiedliche Motive wie Tannenbäume, Kerzen, Engel, Sterne und schneiden sie aus. Zwei Korkenscheiben werden vorne und hinten an die Motive geklebt. Ein langer Holzspieß wird als Steckspieß in eine Korkenscheibe gesteckt. Die Motive können nun in einen Blumentopf gesteckt werden und mit Kerzen die Fensterbank adventlich verzaubern.

Variation: Der Korken kann auch nur als Stehhilfe dienen, dann wird der Holzspieß direkt auf das Papiermotiv geklebt.

Adventslichter

Material: glatte, kleine Marmeladengläser, buntes Transparentpapier, Kleister, Schere

Anleitung: Der Kleister wird nach Gebrauchsanweisung angerührt. Die Kinder können mit der Hand das Transparentpapier in kleine Stücke reißen oder mit der Schere klein schneiden. Das Glas wird mit Kleister bestrichen und mit den bunten Transparentpapierschnipseln beklebt. Nach dem Trocknen kann ein Teelicht in das Glas gestellt werden. Das bunte Licht verzaubert jede Fensterbank, jeden Tisch und jeden Raum.

Foliensterne

Material: stabile Goldfolie (dünnes Metall), Nägel, Folienschere, Hammer, feste Holzunterlage

Anleitung: Aus dem Metall werden mit einer Folienschere Sterne geschnitten. Mit Hilfe von Hammer, Nägeln und einer Holzunterlage können die Sterne mit einem Löchermuster versehen werden. Aus Folie wird ein schmaler Streifen geschnitten und an den Stern geklebt. Der Streifen wird so gebogen, dass der Stern stehen kann. Stellt man hinter diesen Stern ein Teelicht, so wirft er ein sehr schönes Lichtmuster in den Raum.

Hinweis: Diese schönen Dinge können auch als Geschenke dienen.

Die einzelnen Angebote im Überblick